小学新劳动教育课程资源丛书

Xiao Xue Xin Lao Dong Jiao Yu Ke Cheng Zi Yuan Cong Shu

华夏炊烟 乐享生活

美食文化探究课程

林的萍·主编

新 华 出 版 社

图书在版编目（CIP）数据

小学新劳动教育课程资源 . 华夏炊烟　乐享生活：美食文化探究课程 / 林的萍主编 . -- 北京：新华出版社，2023.12

ISBN 978-7-5166-7257-0

Ⅰ . ①小… Ⅱ . ①林… Ⅲ . ①劳动课—教学研究—小学 Ⅳ . ① G623.92

中国国家版本馆 CIP 数据核字 (2023) 第 253877 号

华夏炊烟　乐享生活：美食文化探究课程
作　　者：林的萍

责任编辑：赵怀志　　　　　　　　封面设计：张梦琴

出版发行：新华出版社
地　　址：北京石景山区京原路 8 号　　　邮　　编：100040
网　　址：http://www.xinhuapub.com
经　　销：新华书店、新华出版社天猫旗舰店、京东旗舰店及各大网站
购书热线：010-63077122　　　　　中国新闻书店购书热线：010-63072012

照　　排：北京人文在线文化艺术有限公司
印　　刷：三河市龙大印装有限公司

成品尺寸：710mm×1000mm　1/16
印　　张：10.5　　　　　　　　　　字　　数：109 千字
版　　次：2024 年 4 月第一版　　　　印　　次：2024 年 4 月河北第一次印刷

书　　号：ISBN 978-7-5166-7257-0
定　　价：128.00 元（全三册）

编委名单

主　编：林的萍

副主编：夏芳丽　邓　娅

编　委（排名不分先后）：

陈金芳　邓思婷　贺小燕　李慧萍　李芷彦　连冬玲

戚思琴　唐　乐　杨　星　朱丽萍

序 言

新目标 新课程 新样态
——基于校本特色的《小学新劳动教育课程资源》丛书新思维

  2020年3月，中共中央国务院发布《关于全面加强新时代大中小学劳动教育的意见》，明确提出：为构建德智体美劳全面培养的教育体系，加强新时代大中小学劳动教育的意见，是新时代培养社会主义建设者和接班人的新要求；全面构建体现时代特征的劳动教育体系；广泛开展劳动教育实践活动；着力提升劳动教育支撑保障能力；切实加强劳动教育的组织实施。《意见》是新时代中小学实施劳动教育的实践指南。接着，教育部印发《义务教育劳动课程标准（2022年版）》，按新课标要求，开设独立的劳动教育课，课程分为日常生活劳动、生产劳动和服务性劳动三大类，共设置十个任务群，以培养学生正确的劳动价值观、良好的劳动习惯和品质，使其成为懂劳动、会劳动、爱劳动的时代新人。

  莞城英文实验学校的《小学新劳动教育课程资源》丛书在党和国家强调加强新时代大中小学劳动教育的背景下应运而生。

莞英学校一直以来十分重视对在城市生活的小学生群体的劳动教育。多年来，林的萍校长带领学校团队坚持积极开展和富有学校特色的校本劳动教育实践，通过与市农科院合作开辟校园小农场形成以"姜科植物"种植、管理、研学一体化的学校劳动教育实践基地，在此基础上构建学校新劳动教育校品课程体系，成为省、市、区劳动教育特色示范校。为了全面贯彻落实《意见》和《课标》，培养能担当民族复兴大任的时代新人，莞英学校结合市情、校情、生情特点和实际，基于学校劳动教育的基础、资源和特色，积极构建新时代小学劳动教育新模式体系，并编写形成这套体现新时代、新目标、新课程、新样态特点的莞英小学新劳动教育课程资源系统。

林的萍校长主编的这套《小学新劳动教育课程资源》丛书（全三册），是学校新劳动教育实践课程体系，它以"文化融合""教育价值""素养生成""探究精神"等为基点，展开经纬交融的学段特点与内容递进布局，注重在劳动教育实践中引领学生掌握和发展劳动技能技巧，养成良好劳动习惯和劳动品质素养，逐步形成劳动崇高、光荣、伟大、美丽的价值观，进而成为懂劳动、会劳动、爱劳动的时代新人。整套课程体系的规划、设计和实施，充分体现了新时代劳动教育的新目标、新课程、新样态的新构想、新思维特点。

1. 新目标 新构想——注重在新劳动教育目标体系中，促进小学生核心素养的全面生成。以丛书的《从原生态到智能化的种植劳动实践》分册为例，它是以新劳动教育体系中的"生产劳动"为基点进行实践活动的课程展现，而在课程实施过程中

实现小学生新时代劳动素养提升的目标。

在设计生产劳动课程内容的时候，设计者掌握了农耕文明的纵向发展脉络，也肯定了这一文明在漫长发展的岁月中，于关键处散发出的独特闪光点，比如旧时农耕的劳作方式、农事安排与季节更迭的奇妙关系、环保健康的农产品的生产过程，都有其丰富的传承价值。这些都是学生应该了解掌握的，所以这也成了实践课设计的基础。同时，他们把农业新科技元素纳入其中，设计了"无土栽培""精准灌溉"等生产劳动课程，这些课程中注重各学科的融合，如把科学、数学、计算机学科知识融入其中，形成了STEM课程实施途径，全面促进小学生德智体美劳全面素质和综合素养核心素质的生成。

从自然农法到智能农业，十分鲜明地体现了学校新劳动教育生产劳动实践进阶性的发展特点。它把农业的历史样态、全新样态、未来样态全部涵纳其中，构想让学生的劳动实践体验丰富而立体——因为劳动实践不仅是要学生掌握点劳动技能或具有劳动意识，更重要的是作为未来的建设者，要对农业发展有探索精神和自己的一些思考。培养小学生具有适应未来社会需要的劳动者、建设者、接班人素养，成长为能担当民族复兴大任的时代新人，是莞英学校新劳动教育和劳动教育课程育人的目标。

2. 新课程 新体系——注重在新劳动教育课程实践中，培育小学生形成良好生活习惯和优秀劳动品质。以丛书的《在服务性劳动中乐享成长》分册为例，它是以新劳动教育体系中服务性劳动为基点进行的课程的实践，而在课程实践过程中不断完

善小学生新时代劳动教育课程的构建和创新发展。

"引导学生树立正确的劳动观，崇尚劳动、尊重劳动，增强对劳动人民的感情，报效国家，奉献社会"是《意见》的基本原则表述，这也是莞英服务性劳动课程设计的一个基本出发点。值得一提的是，根据学生年龄层次及心理发展阶段特点，莞英在服务性劳动中，大力发动本校资源，"学校的图书馆、食堂、卫生角、开放书屋……是实施服务性劳动的好地方，组织学生轮流做管理员和志愿者，提高学生的规则意识，帮助他们养成遵守规则、善于自我管理的好习惯。"同时，学校还积极调动社会、家庭、社区等诸多力量，让学生能全方位得到能力锻炼，获得素养提升，体验深刻服务他人而获得劳动自豪感。

作为一所英文实验学校，莞英一直致力于培养未来可以走向世界的人才。凡是具有远大理想抱负的学生，其必备的素质就是对国家民族和人类的服务和奉献精神。这种服务和奉献精神，需要从一点一滴服务身边人开始，再到服务更多的人。具有莞英特色的以"国粤英"三种语言介绍的东莞"非遗"特色菜烹饪课程，以及"家庭劳动教育日常化、学校劳动教育规范化、社会劳动教育多样化"的全方位课程育人体系模式构建，让劳动教育从点到面，有着严密的逻辑，有着目标化的推进指引，有着高瞻远瞩的教育视野。

3. 新思维 新样态——注重在新劳动教育实践中，养成小学生的劳动服务与奉献精神。以丛书《华夏炊烟 乐享生活：美食文化探究课程》分册为例，它是以新劳动教育体系中日常生活劳动为基点建构课程体系，而在课程整体构建和具体实施行

动中探索新时代小学劳动教育课程的新模式、新样态。

学校利用有限的空间与资源，创设了一个"麻雀虽小，五脏俱全"的生活劳动实践基地——莞英烹饪小屋。作为一所英文实验学校，一直把培养具有中国情怀、世界眼光时代新人作为目标。在本课程设计中，我们也可以看到，设计者想让每一个莞英学子能通过这一课程，深入感受源远流长的中国饮食文化。如林的萍校长所说，以烹饪为核心的课程研发，是想让"每一个莞英学子能通过这一课程深入感受源远流长的中国饮食文化，无论他们身在何方、脚步丈量了多少土地，都将中华传统美食文化的精神根植心底，都能拥有为中华文化骄傲的自信，都能记得故土的那一缕炊烟"。

为家人朋友做一道菜，这看起来很简单，但却可以有非常丰富的教育价值演绎。《家庭教育促进法》关于家庭立德树人的培养目标中，就明确提出"生活技能"的全面健康成长要求。《意见》中也有让孩子"体会劳动创造美好生活""树立劳动最美丽的观念"的目标设定，这个"美"是指对生活的主观感知和主动美化，它的最基本的要求是通过勤劳灵巧的手去创造美，然后让这样的美来美化生活，这是从身体技能到情感意念及精神追求的逐层递进。营造和打造"家校合作协同共育"的新劳动教育课程，新思维、新模式、新样态，实施在学校教——在家里实践——在学校评比的劳动教育新生态，让学生在真实生活和学习环境情景中养成新生活、新劳动的好习惯。在课程设计中，一方面，让学生学会使用一些简单的烹饪的工具，掌握简单的烹饪技能；另一方面，到了一定阶段，在烹饪技能学习、

操练之外，让学生去主动探究中国的八大菜系中所蕴含的地理、历史、气候、人文、风俗等文化知识。这样的从技能到情感、素养的一种获得，也会改变学生未来的生活方式，让学生对健康、美好的生活方式有最直观的定义——爱上这样的日常生活劳动，为幸福人生和创造美好幸福生活铺垫基础。这套课程的育人价值，在此得到充分体现。

《小学新劳动教育课程资源》丛书的出版，是对莞城英文实验学校新劳动教育成果的系统性总结，是莞城英文实验学校教育工作者辛勤耕耘取得的硕果，更是林的萍校长所带领的教育集团对新时代中小学劳动教育发展探索贡献的实践模式和创新亮点。

（李季：中国陶行知研究会未来教育专委会理事长、广东
省家庭教育研究会会长、教授）

总 序

深挖劳动教育内涵，突显劳动课程特色
—— 谈谈莞城英文实验学校新劳动教育的开展

　　勤劳是中华民族的传统美德。在国家《关于全面加强新时代大中小学劳动教育的意见》（以下简称《意见》）出台之后，全国中小学校掀起了新一轮的开展劳动教育的高潮，"劳动教育"进入了一个全面发展的新维度。根据调查，在实施劳动教育的过程中大家聚焦的困难有三点：一是缺少实施基地；二是缺少专业的劳动教育导师；三是劳动教育课程很难和学校实际情况有效融合。

　　为了推动劳动教育全面落地，在解决如上三大难点的基础上，东莞市莞城英文实验学校经过数年的实践与探索，开创出了一套具有鲜明风格的新劳动教育课程理论系统，并编撰了《小学新劳动教育课程资源》丛书一套，包括三本分册《从原生态到智能化的种植劳动实践》（对应生产劳动）、《华夏炊烟　乐享生活：美食文化探究课程》（对应生活劳动）、《在服务性劳动中乐享成长》（对应服务劳动）。

　　本丛书立体地展现了我们所开创的课程体系。这一体系有四个显著特征：

　　第一，全面性。学校严格遵循教育规律，立足本校校情、学情，以学生的生活及成长为立足点，研发了立体全面的课程体系。我校的劳动教育课程体系是由"爱生活、'慧'生产、乐服务"这三个学习板块组成的，它们囊括了意见里提到的日常生活、生产和服务性劳动等多个方面，如图 Z-1 所示。学校从顶层设计开发课程，各部门联动管理，将劳动教育、综合实践活动课纳入课程计划管理，开足相应的课时，把劳动教育融入了培育人才的全过程。

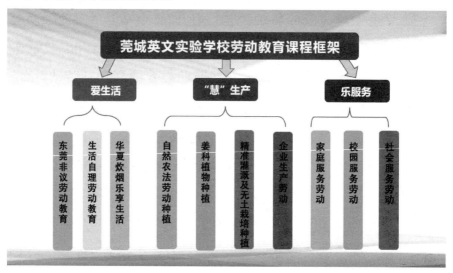

图 Z-1 莞城英文实验学校劳动教育课程框架

　　第二，创新性。我们所有的课程都体现了时代特征和创新劳动教育方式。劳动教育应顺应时代发展，因此，我们积极对劳动教育进行了革新，学校通过"劳动＋传统文化""劳动＋科技""劳动＋环保"等融合育人的视角，创新劳动教育方式。

比如：我校的烹饪课程就是与中国传统八大菜系文化相结合来构建的，学生从中不仅能学到基本的烹饪技能，还能领略中华优秀传统文化的美好，从小树立热爱祖国、建设祖国的远大目标；种植劳动课程中的精准灌溉种植课程与无土栽培种植课程是采用劳动与科技相结合的方式构建的，学生采用科技手段参与现代农业种植，以培养其科学精神，提高其创造性劳动能力；服务劳动课程设置也力求做到全面、新颖，不仅与传统文化相结合，还积极调动社会、家庭、社区等各方力量，让学生能全方位得到能力锻炼，获得素养提升。

第三，灵活性。我们在开展劳动教育实践活动时，立足本校实际，方式灵活多变。作为地处城区的学校，为了真正使我们的劳动教育校本课程落实到位，我们开辟了校内劳动教育新场域，"麻雀虽小，五脏俱全"。学校有适合三至六年级学生开展烹饪课程的烹饪小屋，从开学第一周开始就安排好烹饪室使用课表，一整个学期，天天都有孩子在里面上烹饪课，让它的使用率最大化；还有适合种植课程的姜科种植区、无土栽培区、自然农法种植区等场所。学校的自然农法传统种植区"十亩间"只有小小的 10 块菜地，为了让全校学生都能参与，学校聘请专家进校给全体师生讲授自然农法，每学期通过菜地招标的方式让学生体验自然农法种植劳动，这样，每个学生都能获得成长。社区的公共场所及学校的图书馆、食堂、卫生角、开放书屋……是实施服务性劳动的好地方，我们会组织学生轮流做管理员和志愿者，提高学生的规则意识，帮助他们养成遵守规则、善于自我管理的好习惯。

第四，扎实性。我们学校在十多年开展劳动教育过程中，坚持多方联动，强化综合实施。学校充分发挥劳动育人的课程教育功能，重视劳动教育与家庭、社会的衔接，形成"家庭劳动教育日常化、学校劳动教育规范化、社会劳动教育多样化"的全方位育人模式。

综上所述，学校的劳动教育课程体系，让校内劳动实践基地和校外实践基地相结合，多维度考虑通过家、校、社多方联合，共同开展劳动教育的工作方式。比如和食品公司合作，让孩子们体验矮仔肠的制作过程；与沃尔玛公司合作，让学生进行职业体验；与社区合作，孩子们利用节假日去美化社区运动场所的环境。此外，学校开展的自理小能手、垃圾分类等相关劳动课程，都是采用小手拉大手的方式，从学校延伸到家庭。我们还将农科所的专家、非遗传承人请进校园，亲自指导孩子们劳动实践，解决了专业老师不足的现状。

值得一提的是，本系列劳动教育课程都以"项目式"开展，做到了学科和劳动实践课的相互促进融合，打破了课堂、学科、学校课程之间的壁垒，创新了课程形态。这一课程体系面向每一个参与劳动的学生，关注其在具体课程活动中实践能力是否得以提升，发现与直面问题的能力是否得以提升，创新能力和创新意识是否增强。我们的评价体系也以激励为导向，对劳动教育的全过程进行规范化检测，从培养学生的劳动习惯、劳动观念入手，让学生体会劳动的快乐，收获成功的喜悦，用劳动创造美好的生活，用劳动服务身边的人。

本系列新劳动教育课程在构建及实施过程中，坚持立足学

校实际的原则，始终以学生为本，严格遵守教育教学规律，以培养素质全面的新时代接班人为目标，不断开拓进取，逐步完善课程体系，取得了一定的成效，校园风貌日趋美好，师生素养逐步提高。当然，在新劳动教育探索的道路上，我们要做的还有很多，本丛书只是一个阶段性的总结，旨在兴利除弊，提醒勉励大家为之继续努力。同时，也期望本套丛书能对其他在新劳动教育方面存有疑惑的兄弟学校提供些许借鉴，并请大家不吝指出其中的不足之处。

2023 年 5 月

课程手册编写说明

　　自国家针对劳动教育的一系列政策出台以后，全国很多所学校都掀起了对劳动教育实施方法的探索高潮。我校立足学校实际，本着培养适合未来发展的综合素质型人才的目标，在劳动 教育方面努力耕耘了十多年，经历了从当初的零散的缺少系统性的实践过程，到形成了如今由"爱生活、'慧'劳动、乐服务"三大板块组成的，涵盖国家政策要求的日常生活劳动、生产劳动和服务性劳动的全面且系统化的课程体系。

　　在烹饪教学方面，我校多年来更是进行了深入的、具体的教学实践，取得了不俗的教育成果。在莞城英文实验学校新劳动教育课程研发组成员的努力下，我们编写了本册劳动教育课程手册，旨在总结宝贵经验，为教师的新劳动教育教学、学生的新劳动教育实践，提供切实可行的实施抓手，并进一步丰富学校的劳动教育教学内容，提高教师的教研水平，培养学生的劳动素养。

　　本手册所涵盖的内容，属于生活劳动的范畴，为我校劳动课程系列的组成部分。该课程围绕国家针对学生所需掌握的劳动技能提出的要求，结合我校实际情况，以粤、浙、徽、苏、闽、鲁、湘、川八大菜系为主要框架，从菜系历史、地理成因、趣味典故、经典菜例课堂教学方法指导、课程探究以及知识拓展等方面，进行了系统化的立体构建。旨在对老师的日常教学起到具体的方向性的引领作用，对学生的知识拓展、技能提升、品格塑造、素养发展起到积极的推进作用。

课程编写组

2023 年 5 月

目　录

导　语——以烹饪为核心的课程研发

课程研发背景

2022 年 3 月 25 日，中华人民共和国教育部印发了《义务教育课程方案（2022 年版）》，将劳动从原来的综合实践活动课程中完全独立出来，同时，制定了《义务教育劳动课程标准（2022 年版）》，于 2022 年秋季学期开始执行。

据了解，劳动课程的具体任务群共有十个，每个任务群由若干项目组成。如图 D-1 所示，日常生活劳动有清洁与卫生、整理与收纳、烹饪与营养、家用器具使用与维护四个任务群；生产劳动有农业生产劳动、传统工艺制作、工业生产劳动、新技术体验与应用四个任务群；服务性劳动包括现代服务业劳动、公益劳动与志愿服务两个群组。

第一学段（1~2 年级）劳动要求为：清洁与卫生、整理与收纳、烹饪与营养、农业生产劳动、传统工艺制作。

第二学段（3~4 年级）劳动要求为：清洁与卫生、整理与收纳、烹饪与营养、家用器具使用与维护、农业生产劳动、传统工艺制作、现代服务业劳动、公益劳动与志愿服务。

第三学段（5~6年级）劳动要求为：整理与收纳、烹饪与营养、家用器具使用与维护、农业生产劳动、传统工艺制作、工业生产劳动、新技术体验与应用、现代服务业劳动、公益劳动与志愿服务。

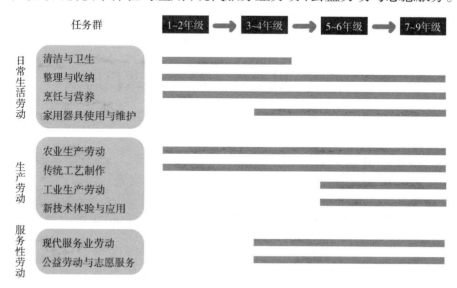

图 D-1 劳动课程内容结构示意图①

在学校开展生活劳动教育，目的就是让劳动离学生的日常生活更近一些。所谓衣食住行，肯定离不开吃饭做饭，如今在大多数独生子女家庭中，家长别说让孩子做饭了，连平时做个家务都舍不得，"衣来伸手，饭来张口"是大多数孩子的生活常态。在劳动课里增加简单的烹饪劳动，如择菜、洗菜等食材粗加工，根据需要选择合适的工具削水果皮，用合适的器皿冲泡饮品；初步了解蔬菜、水果、饮品等食物的营养价值和科学的食用方法，无疑提高了孩子的自主能力，使孩子们不再止步于文化课，而是寻求一种多元化、多维度、多方面的发展。

在课程研发过程中，学校明确认识到不管什么样的劳动体

① 摘自《义务教育劳动课程标准（2022年版）》。

验，都是面向新劳动、新素养的，都是为了锻炼学生的动手动脑能力，让他们学会用双手美化校园、美化课堂、美化家庭，更重要的是可以美化心灵。孩子学烹饪，不仅是学会炒菜那么简单，还能从烹饪劳动的实践中，一步步得到更全面、更优化的成长。同时，劳动教育本身就是循序渐进的，是从普通到工匠式，到精益求精，再到面向未来劳动和未来劳动对人品质的需求。所以无论从纵向还是横向，它都能够使孩子的素养得以提升与发展，这也是我们开展这个课程最有意义的地方。

基于此，我们学校设计了《华夏炊烟　乐享生活：美食文化探究课程》，最初它是以社团形式开展的，学生可以去烹饪室煮面或煮饺子，后来经过优化调整，其内容指向了中国的八大菜系。学生探究八大菜系的烹饪技能是个循序渐进的过程，我们这样设置课程，目的就是想加深学生对八大菜系以及中国优秀传统文化的了解，帮助学生在烹饪劳动的实践中，锻炼自己的劳动技能，提升自己的综合能力。

《华夏炊烟　乐享生活：美食文化探究课程》是以 3~6 年级学生为主要实施对象，结合中国的八大菜系，开发的一套指导我校学生学习烹饪技能的校本课程，利用综合实践的课内时间实施，使每个孩子掌握一些简单的生活烹饪技能。具体内容如下：

各年级烹饪技能教学内容

三年级上学期	粤菜——我会做一道广式甜点
三年级下学期	浙菜——我会做宁波汤圆
四年级上学期	徽菜——我会做清汤白玉饺
四年级下学期	苏菜——我会做扬州炒饭
五年级上学期	闽菜——我会做沙县拌面

续表

五年级下学期	鲁菜——我会做鸡汤云吞
六年级上学期	湘菜——我会做辣椒炒肉
六年级下学期	川菜——我会做宫保鸡丁

课程阐释

在国家倡导和学校的努力下，劳动教育已经渗透到了教育活动的方方面面，让学生掌握必要的劳动技能是国家针对新劳动教育的一项重要方针，而让学生探究中国传统的美食文化，学习一些简单的烹饪知识、烹饪方法，是针对学生开展的劳动教育的内容之一。我们学校构建《华夏炊烟　乐享生活：美食文化探究课程》，从实际的教育举措上，与我们的育人目标相契合，与我们的育人理念相一致。

作为莞城英文实验学校教育集团的龙头学校，莞英一直把"博学乐成、语通世界"作为发展的原则，希望我校学子能够读万卷书，走万里路，成为具有中国情怀、世界眼光的"一品二能三长"的新时代少年。同时，我们学校的教育也恪守"热爱生活、自主学习、快乐成长"的校训。我们开设这样的美食文化探究课程，首先是想让学生通过亲身体验简单的烹饪劳动，从小热爱劳动，丰富自己的劳动知识，获得一些必要的烹饪技能，帮助他们树立正确的劳动观，并让他们明白只有劳动才能创造一切的道理。一粥一饭，当思来处不易；半丝半缕，恒念物力维艰。通过劳动教育过程中的学习、实践、分享，还能让学生们在劳动中感受快乐，学到本领，提升综合素养。

更为重要的是，在培养孩子国际素养的同时，我们也让孩子深入感受源远流长的中国饮食文化，让孩子们未来无论身在何方、脚步丈量了地球上的多少区域，都将传统美食文化的精神根植心底，都能永远具有中华文化骄傲的自信，都能记得故土的那一缕炊烟。为了实现这种长远培养目标，我们将在当前的课程探索中不懈努力！

课程目标

（1）帮助学生了解八大菜系的内容及其基本烹饪技巧，以帮助学生形成科学的劳动观念，培养其综合素养。

（2）让学生基本熟悉一些厨房用具的使用方法，掌握一些简单的烹饪方法，锻炼他们的实际操作能力。

（3）通过烹饪这一劳动过程，使学生明白小组合作的重要意义，培养其团队协作精神。

（4）通过该课程的实施让学生达到如下目标：第一，了解更多中国传统文化。第二，学会烹饪某个菜系中的一道符合其年龄层次与能力的有代表性的菜式。第三，在探索的过程中，能拓展研究内容，将饮食文化跟地域、环境、人文文化、气候等联系起来。

（5）通过体验烹饪劳动，让学生爱上劳动，懂得一粥一饭的来之不易，能更懂得节俭的重要意义，从而更加热爱家乡，热爱生活。

素养提高目标

（1）以老师的引领作用为辅，以全方位激发学生自主学习能力为目标,推动学生通过互助合作与自主研究相结合的形式,手脑并用地进行烹饪实践活动,有目的地锻炼他们的探索能力、沟通能力、协作能力,以及直面问题和处理问题的能力,并培养他们的创新精神。

（2）秉持尊重事实、科学探究、手脑并用的活动开展方式,使学生在这一过程中可以学习知识,提升技能,陶冶情操,提高审美,养成良好的劳动习惯。

（3）学生能进行家庭餐食的设计和营养搭配,并掌握简单的烹饪方法。初步养成营养搭配和健康饮食的习惯,具有食品安全意识。树立乐于为家人服务的劳动观念,初步形成家庭责任感。

课程内容

学生会使用一些简单的烹饪工具,掌握一些课标上要求的简单的、符合他们年龄的一些烹饪需要具备的技能。比如,三四年级的学生要学会做蛋炒饭、煎鸡蛋、煮饺子、煮面条,到了五六年级,就要学做一些稍微精致一点的家常菜式。课程内容主要以中国八大菜系来构建,设计上,不仅让学生熟知中国八大菜系的制作方法,也让学生通过烹饪这一桥梁,了解八个区域的地理、历史、文化等相关知识,实现融合式教育目标,提高学生的全方面素养。

课程重难点

课程重点：了解并掌握八大菜系里一些简单菜式的烹饪方

法，能熟练做出一些菜肴。

课程难点：学会基本厨房用具的使用方法，烹饪时火候的把握，以及各种配料调料的合理添加。

教学方法

（1）通过让学生观看制作八大菜系经典菜肴的视频，使其感受美食的美好，激发出尝试烹饪的兴趣。

（2）在体验烹饪劳动的过程中，引导学生及时总结烹饪技巧及团队合作方式，培养学生的团体协作能力和积极探究的精神。

（3）组织学生总结学习烹饪过程中的体验感受，鼓励他们用自己的方式表达出来。

（4）对学生的烹饪过程，以及所取得的成果给予科学合理的评价，以激发学生学习探索的积极性。

（5）引导学生尝试多种菜肴的烹饪方法，积极拓展自己的知识与技能，并尽可能把自己掌握的这些知识与日常生活联系起来。学生可自主研究，也可小组合作。

小组烹饪活动表

烹饪菜式		准备原料	
小组长		组员	
烹饪步骤			
具体分工			

续表

烹饪菜式		准备原料		
小组长		组员		
注意事项				
技术支持				

课程评价

1. 课程评价内容

（1）参与的态度

①是否认真参与每一次课程实践。

②是否努力完成自己应承担的任务。

③是否完成资料收集和整理工作。

④是否乐于合作，积极交流，尊重他人。

（2）体验的获得

①是否善于实践，敢于质疑，勤于操作。

②是否善于自我检讨，反思改进。

③是否实事求是，尊重他人想法与成果。

④是否不怕吃苦、勇于克服困难。

（3）方法的掌握

①是否能通过多种途径获取信息。

②是否能运用已有知识和技能解决问题。

（4）实践能力的发展

①是否能掌握制作菜肴的劳动技能。

②是否能充分发挥个人专长。

2. 课程评价方式
课程评价方式应包括自评、互评、家长评、师评等。

3. 课程评价原则
课程评价应遵循科学性、民主性和及时性的原则。

4. 菜品评价
菜品评价应从准备工作、操作步骤、合作能力、安全卫生、菜式味道、摆盘创意等几个方面进行。

菜肴评价表（示例）

评价指标	评价要点（自评）			师评
	优秀（A）	良好（B）	加油（C）	
准备充分				
步骤清晰				
积极合作				
安全卫生				
菜式味道				
摆盘创意				

活动总评价表（示例）

评价项目	评价要点	自评（优秀、良好、加油）	互评（优秀、良好、加油）	家长评(优秀、良好、加油)	师评（优秀、良好、加油）
参与的态度	认真参加每一次活动				
	努力完成自己承担的任务				
	做好资料积累和处理工作				
	乐于合作，积极交流，尊重他人				
获得的体验	善于提问，乐于研究，勤于动手				
	自我检讨，反思改进				
	实事求是，尊重他人想法与成果				
	不怕吃苦、勇于克服困难				
方法的掌握	能用多种途径获取信息				
	能运用已有知识和技能解决问题				
实践能力的发展	能掌握制作菜肴的劳动技能				
	发挥个人专长				

第一章

粤菜烹饪课程

（三年级·上）

教学目标：

劳动观念：建立健康的饮食观念，懂得"一份耕耘，一份收获"的道理，体会烹饪的艰辛与快乐，尊重劳动者，形成热爱劳动的态度。

劳动能力：掌握电磁炉等烹饪工具的使用方法，了解粤菜的特点和主要烹饪方式，学会一道粤式甜点（糖不甩）的制作方法。

劳动习惯和品质：能在烹饪的过程中遵规守约，安全规范地参与烹饪活动，感悟劳动的不易，珍惜劳动成果，能够进行小组合作和创造性劳动。

劳动精神：烹饪的过程中能够勤俭节约，不怕困难，养成精益求精、追求卓越的工匠精神。

教学重点：了解粤菜特点，掌握东莞传统小吃糖不甩的制作方法。

教学难点：能正确使用电磁炉等烹饪工具，会用常见的烹饪工具，解决劳动过程中遇到的问题。

安全小贴士：烹饪的过程中一定要佩戴口罩和围裙，保证食品的安全与卫生。

课时建议：6课时。

学科融合：粤菜知识综合探究

粤菜历史小课堂

粤菜即广东菜，是中国八大菜系之一。粤菜历史悠久，据文献资料记载，其源头在汉初，至晚清才慢慢走向成熟，至今已存在了两千多年。广东物产尤为富饶，且简单易得，因此这里的人们大都沿袭了利用现成的丰富食材来烹饪新鲜味美菜肴的习俗。

粤菜的发源地——广东省佛山市顺德区，也是国家认可的"中国厨师之乡"。

顺德极具地方特色的美食传统，在遥远的唐宋时代就已初具雏形，后逐渐发展成熟。在网上投票得出的一定要去的美食打卡城市中，顺德榜上有名，且名次非常靠前。顺德的很多美食早已被大众津津乐道、广为流传。比如姜撞奶、南乳花生、手工牛乳、陈村粉、烧猪、醉鹅等。

在这一美食之乡，美食家与超级大厨比比皆是。在粤菜领域，人们常这么形容这一景象："食在广州，厨出凤城。"（凤城是顺德的别称），顺德美食在广东菜中的领跑地位由此可见一斑。

后来随着历史变迁，中原移民不断南迁，粤菜也融合了中原饮食的风格。广东人民以当地的饮食习惯为基础，然后吸收其他饮食文化中的精髓，不断地对粤菜进行创新改良，使得粤菜形成了品种多样、做法精良、味道鲜美的显著特点。

粤菜做法复杂、精细，传承了孔子所倡导的"食不厌精，脍不厌细"的风格；且用料广泛，选材讲究，配料精细，善于抓住食客喜好，在精于模仿中又能有所创新。而且粤菜的大多菜品新鲜清淡、口味纯正，大都能依据季节的变换做出合适的调整，让人的味觉感受非常舒适，具有非常鲜明的地域与人文色彩。

粤菜与广东地理特点的关系

粤菜的特色和创新与当地的地理特点、社会发展、风土人情关系紧密。

广东属于亚热带季风气候，又为沿海地带，常年水量充足，绿树环绕，物产种类丰富多样，所以粤菜的食材，一直都有种类繁多的特点。西汉时期的文献中就记录了其菜品原材料的多样和精良，由此我们可以了解到，一千年前广东人就掌握了用多种方式烹饪不同食材的高超技艺。总结起来其特点有三个：第一，广东地处亚热带，盛产稻米。广东人主要以米为食，这与北方人以面为食形成鲜明对比。第二，由于广东地区气候相对炎热，人们易出汗，体能消耗大，所以广东人喜食各种滋补的汤汁和粥品。第三，选料广博，无所不食。因为广东周围既有海岸和滩涂，也有丘陵地貌，所以海鲜、蔬果和飞禽走兽都成为广东人的目标食材。广东菜的原材料非常丰富，只有你想不到的，没有它用不到的，几乎所有的食材经过粤菜厨师的烹调，都能立马成为餐桌上的极品美味，令品尝的人赞叹不已。

由于广东省在对外交流中一直占据非常重要的地位，所以粤菜在博览众长方面，一直都有着得天独厚的条件——尤其对我国北方和外国烹饪中精华的汲取。同时，广东的开放性，也让当地的厨师头脑灵活，思维超前，他们大胆创新，对美食的执着研究从未停止，因此才能让粤菜时刻保持"常吃常新"的特点。

粤菜趣味典故

糖不甩的传说

　　东坑的民间传统小吃"糖不甩"，古已有之，源于何时已无从考究，据说与八仙中的吕洞宾有关。

　　传说清朝道光年间，东坑一带吸食鸦片之人甚多。初春二月二，由于流毒泛滥，民不聊生，赶往东坑过"卖身节"（广东省非物质文化遗产）受财主雇用的男丁精壮无几，大都是面黄肌瘦，劳力退减的人。八洞神仙吕洞宾听说后连忙打制肃毒治瘾仙丹，普度众生，但良药苦口，再者私自下凡，冒犯天条。于是吕仙人把仙丹藏于熟糯粉丸内，配以糖浆煮成甜滑、可口的"糖不甩"（取"糖粉粘丹不分离"之意），他摇身变成一个挑担叫卖的老翁，从街头到墟尾半卖半送赠予众人吃之后，果真刹住了鸦片流毒，人们体力、智力得以恢复。东坑"糖不甩"因此而名扬远近，现在更成了每年"卖身节"期间东坑各大酒店、食肆必备的风味小吃。

　　此外，"糖不甩"还跟男女姻缘相关。地处"埔田片"一带的东坑、茶山、横沥各镇，旧时男婚女嫁还比较保守，男女婚姻全凭父母之命、媒妁之言，没有自由恋爱。媒人领着男方去女方家相看时，如果女方家庭同意结亲，就会用"糖不甩"款待男方。男方见桌上有"糖不甩"，就明白亲事已十拿九稳，

"甩"不掉了，大碗的"糖不甩"也越吃越香，吃完一碗再添一碗，表明愿意好事成双；如果女方不同意这门亲事，则煮打散鸡蛋的腐竹糖水招待男方，男方看到端上桌上的是打散鸡蛋的腐竹糖水，便知道这门亲事"散"了，这时吃着"腐竹糖水"虽甜在嘴上，却苦在心头，匆匆喝上一口，便告辞而去。当这一传统小食与民间婚俗结合，便衍生出新的文化内涵，象征着爱情甜甜蜜蜜，寄托了有情人想"甩"也"甩"不掉的良好寓意。保护传承"糖不甩"传统饮食文化，在推进地方文化建设中有着重要的现实意义。

护国菜的由来

护国菜属于潮州菜，在当地非常有名，据说，宋朝的末代皇帝少帝向南逃命，来到潮州时，暂居于深山的一个庙里。僧人得知他是皇帝，态度非常恭敬，见他一路赶来非常疲惫，就在庙里的红薯地中摘了些鲜嫩的叶子，做了锅菜汤。

少帝正饥渴交加，看到这菜碧绿清香，软滑鲜美，就吃喝起来。吃后倍觉爽口，于是大加赞赏。后来皇帝感念僧人们为了护卫朝廷、护卫自己，在条件如此艰难的情况下所做的努力，就特别下令把这道菜命名为"护国菜"，并延续到了现在。

粤菜味道及品类

粤菜食材丰富多样，不但主料，配料与调味品也同样如此。为了凸显菜品的特色，粤菜的主材选择特别仔细，配料也十分讲究，两者都要力求鲜美，突出本味，彰显菜品特点，且讲究色、香、味、形俱全。这种烹饪风格，既归结于当地的地理风貌，又兼顾了对食物的营养要求，体现了粤菜饮食特点的科学性。粤菜经典菜肴很多，比如姜撞奶、云吞面、虾饺、艇仔粥、叉烧包、糯米鸡、肠粉、煲仔饭、白切鸡、烧鹅等。

教学建议

教师可引导学生讨论交流，综合学习后的心得，并根据学生自己了解的有关粤菜的知识，分组总结对粤菜的认识。可围绕以下问题展开讨论：

①你对粤菜的发展历史了解多少？

②你知道的粤菜的主要烹饪方式有哪些？

③你知道的粤菜的最具代表性的菜品有哪些？

④你最喜欢的粤菜是什么？

⑤你在家里是否尝试过做粤菜？

……

粤菜烹饪方法

粤菜烹调方法非常丰富，以蒸、炒、煎、焗、焖、炸、煲、炖、扣等为主要特点，注重味道的本味、清鲜味以及火候，兼顾"清、鲜、嫩、滑、爽、香"；调味涵盖酸、甜、苦、辣、咸、鲜诸味。

粤式经典菜教学课堂：广式甜点糖不甩

菜品介绍

糖不甩又名如意果，是广东地区的一种甜点，也是一道著名的粤菜经典美食。它的口感酥滑香甜、醒胃而不腻，非常适合儿童和老人食用。它与汤圆就像双胞胎，只是"糖不甩"里用到了姜，具有祛寒理气的功用。该菜品简单易操作，把糯米粉煮熟以后制成丸子，再佐以煮沸的糖浆，临上桌前撒一些花生碎和煎鸡蛋丝即可食用了。

课堂实践

1. 选材背景

学生通过项目式学习，对糖不甩的历史背景、意义有一定的了解。本节课旨在通过学习制作糖不甩，让学生动手实践，传承本土传统饮食文化，培养学生积极的劳动精神、正确的劳动价值观和良好劳动品质。

2. 教学目标

价值体认：通过了解和学习东莞非物质文化遗产东坑糖不甩，加深学生对东莞本土饮食文化的了解和对东莞本土文化的热爱，培养学生传承的精神和热爱劳动的品质。

责任担当：了解糖不甩的制作流程，有参与制作糖不甩的意愿和积极性，提高动手操作的能力。

问题解决：细心观察糖不甩的制作步骤，明确制作糖不甩需要准备的原料和制作方法。

创意物化：通过参与，能够完成糖不甩的制作。关注身边人的需求，发挥创意，制作创意糖不甩。

准备工作

原料准备：草果、红糖、粘米粉、糯米粉按2：8比例混合，鸡蛋、去皮熟花生。

制作过程

（1）粘米粉、糯米粉以2：8的比例混合后加入清水拌匀，把拌匀的粉做成直径约3厘米的粉丸，接着把做好的丸子倒入沸水中煮熟，捞出后用凉水过一遍，接着放在沥水篮里控干水。

（2）把鸡蛋磕破倒入碗里，搅拌后倒入炒锅里摊成片，然后切成细丝；将炒花生磨成花生碎；取一点草果叶剁碎。

（3）制作糖浆。糖不甩的制作是否成功，熬糖这一步骤至关重要：火候小了，糖浆太薄粉丸子不好上浆，且口感卖相都不好；火候大了，糖浆会太稠、颜色发黑，粉丸就会挂浆不均，厚薄不一，观感欠佳；如果糖浆的浓度适宜，则粉丸挂浆后的成品就色泽金黄、晶莹透亮，一看上去就让人非常有食欲。

（4）将制作成功的糖浆和控干水的粉丸下锅一起煮上五分钟，盛入盘中，加入提前准备好的鸡蛋丝和花生碎，再加上一点碎草果来调味，这道美食就完成了。

营养与健康学堂

　　糖不甩以糯米，也就是江米为主要食材，由于糯米吃起来软糯香滑，人们经常用它烹饪各种食品，像粽子、锅巴、汤圆等。糯米的质地为透明或半透明，颜色蜡白。浸泡后体积变化不大，但黏性增加，入口黏滑，不容易吸收消化。但糯米是一种比较平和的食品，能养胃健脾，温补益气。对肠胃功能差、胃口差等能起到一些食疗效果，故古语有"糯米粥为温养胃气妙品。"此外，糯米具有收涩功能，对人体多汗多尿等有一定的缓解作用。糯米非常适合体虚贫血、尿频多汗、精神不振之类的人群食用。糯米最佳的使用方法是制作成薄粥，这种食用方法更健康更滋补，而且非常容易消化，非常有益于人的身体健康。

教学小视频

过程评价

　　教师可以根据劳动的要求出示劳动过程评价表，用评价的方式引导学生关注劳动的要点，并有序合作。

美食小达人评价表

评价项目	第1组	第2组	第3组	第4组	第5组	第6组
准备充分						
掌握方法						

续表

评价项目	第1组	第2组	第3组	第4组	第5组	第6组
安全操作						
美味可口						

教学过程

学生操作，教师巡视

（1）学生第一次分小组进行烹饪劳动，教师在巡视的过程中一定要重点关注学生在劳动时的安全。比如，干燥的手才可以开关电磁炉；借助长柄漏勺将丸子放入沸水中煮，以防烫伤；用吸油纸吸干丸子表面的水分，以防被溅出的热油烫伤……

（2）鼓励学生亲自动手实践，教师可以根据实际情况给予必要的帮助。

（3）实践的过程中，引导学生结合生活经验解决劳动过程中遇到的问题。

展示评价

根据评价表进行评价，既要关注劳动的成果，也要关注劳动的过程。

拓展延伸

1. 教师可以引导学生思考

（1）是否可以尝试做其他口味的糖不甩？

（2）你还会做哪些广式甜点？

（3）你还会做哪些粤菜菜式？

2. 布置作业

（1）将糖不甩的故事和家人分享，为家人制作糖不甩。

（2）可以学习蒸腊肠、姜撞奶等经典粤菜（甜点）的制作方法，尝试动手实践。

课程小·探究

电磁炉使用要点

①电磁炉散热很重要。电磁炉在工作中会自动进行散热，但是当电磁炉在散热的过程中周围空气不流通，或者是有物体阻挡住通气孔散热，就不能很好地将热量疏散。电磁炉不能很好进行散热，它的炉体温度就会不断上升，会影响电磁炉的工作效率，严重时会造成电磁炉的损坏。当我们发现电磁炉内的散热风扇不转动时，应当立即停止使用电磁炉，及时对电磁炉进行检修。

②定期清洁很重要。电磁炉在使用了一段时间之后需要定时进行清洁，定期清洁电磁炉能够有效延长电磁炉的使用寿命。在清洁电磁炉时应当使用软布和软刷配合清洁工具来进行清洗，避免使用坚硬物体清洁电磁炉表面导致炉面受损。

粤菜教学材料库

姜撞奶

姜撞奶是一道广式甜点，为广东珠江地区的汉族传统美食。姜汁和牛奶是其主要的食材。姜味辛性温，有着解表发汗、止呕温中的药效，属于偏阳性的天然食材；牛奶富含多种营养物质且易于消化吸收，用法简单、价格亲民，堪称"完美的食物"，属于偏阴性的天然食材。

这道甜点味道爽滑可口、回味香醇、甜而略辣、别具风味，而且还含有丰富的钙、铁、锌、维生素等营养成分，有滋养气血、通络祛寒、美容养颜、镇咳助眠等功效。

据说，广东番禺沙湾镇有一位上了年纪的老奶奶咳嗽久治不愈，后来有幸得知姜汁可治此病，可姜汁味道太辣，老奶奶实在难以下咽，她的儿媳一不小心把奶洒入装姜汁的碗里，令人惊奇的是，过了一会儿牛奶竟然凝结了，老奶奶尝了尝感觉非常可口，一气儿吃了一碗，然后她的病隔天就好了。此后这种吃法就在沙湾镇一带流传开来，因沙湾人说"凝固"为"埋"，所以"姜撞奶"在当地也被称为"姜埋奶"。

姜撞奶的食材

原料准备：生姜、全脂牛奶、糖。

姜撞奶的做法

①把削好皮的姜切碎，用榨汁机打成姜汁，用勺子取 1 勺姜汁放入碗中（姜汁也可通过用纱布挤压碎姜粒获得）。

②将 180 毫升鲜奶放进微波炉，调至高挡加热 50 秒，然后放适量的糖拌匀。

③迅速将牛奶倒（撞）入盛有姜汁的碗中，倒完后请不要晃动盛放牛奶的碗，大约 20 秒后，姜撞奶就可以凝固成形。

小提示

①这道甜点使用新鲜水牛奶或外面买的纯牛奶都可以制作成功，但姜汁和牛奶一定要完全拌匀。

②要用新鲜即榨的姜汁，如用隔夜的姜汁，或许会失败。

③有条件的话，最好用温度计测量，在牛奶温度为 70~80℃时加入姜汁。

④做这个甜品牛奶不能温度太高，也不能煮太久。加热牛奶时，要注意牛奶的温度，温度太高会难以凝固。

蒸腊肠

腊肠又叫香肠，是把肉类切绞成丁，再加上辅料，然后灌入动物肠衣后制成的特色肉品，也是我国肉类加工品中制作数量较多的一种。

腊肠这一食品，在广东、香港、澳门及南方其他地区较为常见，这些地方的做法是把猪肉放入加工后的猪小肠肠衣中，再通过脱水、压缩、晒干等步骤制作而成。其代表为广东腊肠。广东腊肠的做法为：把猪肉切绞成丁，再以食盐、硝酸盐（防腐）、白糖、曲酒、酱油等材料腌制，然后装入加工好的肠衣中，进而通过晾晒、风干或烘烤等工艺制成。腊肠用冰箱储存，可保鲜 3 个月左右。蒸腊肠、腊肉这类菜，完美展现了"最简单的方法，最能表达出食物的内涵"。电饭锅煮饭时洗一根腊肠，切上一块腊肉，随饭一起蒸，既快又能最有效维持腊肠、腊肉的本味。

蒸腊肠的食材

原料准备：腊味香肠 3 只。

调料：香醋适量。

蒸腊肠的做法

①在蒸锅中倒入凉水，把香肠蒸上 20 分钟。

②把蒸好的香肠取出后晾凉，然后切成薄片。

③把处理好的香肠装入盘里即可食用。

第二章

浙菜烹饪课程

（三年级·下）

教学目标：

劳动观念：增强对饮食文化的了解，体会烹饪的艰辛与快乐，尊重劳动者，形成热爱劳动的态度。

劳动能力：能够正确使用电磁炉、锅等烹饪工具，了解浙菜的特点和主要烹饪方式，学会一道浙菜（宁波汤圆）的制作方法。

劳动习惯和品质：能在小组合作烹饪的过程中遵规守约，安全规范地参与烹饪活动，感悟劳动的不易，珍惜劳动成果，积极进行创造性劳动。

劳动精神：烹饪的过过程中养成勤俭节约、不怕困难，养成精益求精、追求卓越的工匠精神。

教学重点：了解浙菜特点，掌握宁波汤圆制作步骤，完成宁波汤圆的烹饪。

教学难点：能正确、安全地使用烹饪工具，掌握"煮"这一烹饪方式的技术要领。

安全小贴士：搓好的汤圆下锅时可以先用长柄勺盛好，再放入沸水中，以免烫伤。

课时建议：6课时。

学科融合：浙菜知识综合探究

浙菜历史小课堂

浙菜，即浙江菜，主要由杭州、温州、宁波和绍兴四个地方的特色菜组成，为我国八大传统菜系之一。浙菜历史久远，极具江南韵味，在中国地方菜里非常有名。总的来说，浙菜的特征非常显著，同时兼具四方面的共同之处：用料考究，技巧独到，讲究原味，技艺精湛。浙菜烹饪时注重材料的选择，兼顾季节特点，力求完美展现原料特点，所用蔬果食材，皆与季节关联紧密，所选禽类、兽类，多为当地特色，全面彰显了浙菜烹饪时的选材特点与选料特色，严格依照"四时之序"这一基准。因而浙菜大都技艺精巧，菜品新鲜。

浙菜与浙江地理特点的关系

主要由杭州、绍兴、温州、宁波为代表的四个地方菜构成的浙菜，虽然各自特色鲜明，但它们的相同之处也非常明显，比如尤为注重原料选择，尤为讲究体现原味，尤为坚持精良细致、技艺精湛的烹饪方法等。

浙菜的成因与其独特的地理因素息息相关。浙江位于东海之滨，交通四通八达，气候温润宜人，山珍海味也种类繁多，同时盛产麦子、大豆、水稻等农产品。其著名食材有金华的火腿，舟山黄鱼，西湖的莼菜、龙井等。所以，世人才盛赞其地杰人灵，常说"上有天堂，下有苏杭"。位于中国东海沿岸的浙江省，北部水域星罗棋布，被誉为"鱼米之乡"；东部海域遍布渔场，各类水产应有尽有，鱼类和贝类产品达500种之多。丰富的物产，鲜明的特色，高质量的农产品、水产品，再配上浙江厨师高超的烹饪技艺，令浙菜一直在各菜系中名列前茅。

浙菜趣味典故

宋嫂鱼羹传说（一）

宋嫂鱼羹始于南宋时期，这道菜味美汤鲜，爽滑可口，其味道与蟹肉羹汤相比也不差分毫。

菜名提到的"宋嫂"确有其人，她本来是北宋时期汴京（今河南开封）城里的一位女厨师，做的鱼羹在汴京非常有名，后来嫁给了宋家的老五，所以人们都叫她宋五嫂。

到了南宋时期，宋朝的都城迁到临安（今杭州），宋五嫂也举家随着南下。为了生活，她在西湖苏堤下接着卖鱼羹。有一天，宋高宗在西湖游玩时，把船停在了苏堤边，皇帝身旁的随从听到有汴京口音的吆喝声，循声望去，发现那人竟是从前在汴京卖鱼羹的宋五嫂。

皇帝听了，心中顿时涌起一种他乡碰见亲人的感觉，随即命宋五嫂带着她亲手做的鱼羹上船一见。皇帝一边吃着鱼羹，一边和宋五嫂诉说汴京旧事，往事一经提起，让人不禁感慨万千，当时场面相当温馨融洽，一碗鲜美的鱼羹也承载了浓浓的思乡情怀。最后，皇帝连连夸赞宋嫂做的鱼羹，还特意赏赐给宋五嫂百两银子，事情传开后，"宋嫂鱼羹"在杭州城声名鹊起。

这个典故曾被录于俞平伯所著的《双调望江南》中："西湖忆，三忆酒边鸥。楼上酒招堤上柳，柳丝风约水明楼，风紧柳花稠。鱼羹美，佳话昔年留。泼醋烹鲜全带冰，乳莼新翠不须油，芳指动纤柔。"这里提到的鱼羹佳话，即为发生在高宗皇帝与宋五嫂之间的故事。

宋嫂鱼羹传说（二）

传说，北宋汴梁的宋五嫂，南宋时迁居临安（今杭州），为了生计与小叔终日在西湖捕鱼。有一天小叔感染了风寒，宋嫂就用鱼佐以姜椒酒醋等做了一碗鱼羹，小叔喝了鱼羹，病很快好了。有一回宋高宗喝了这种鱼羹后赞不绝口。此后，人们就叫这道菜"宋嫂鱼羹"，宋嫂开的店因此生意也更加好了。

东坡肉的故事

我国古代著名的文学家苏东坡不仅文采斐然，对烹饪技艺也颇有研究。在湖北黄冈任职时，他经常亲自下厨做菜，再和大家一起品尝。他曾这样总结烹饪心得："黄州好猪肉，价贱如粪土。富者不肯吃，贫者不解煮。慢着火、少着水、火候足时它自美。"

元祐年间（约公元1090年），苏东坡到任杭州，其间他号召众多民工疏通西湖，修堤灌田、为民造福。他让家人把百姓送来的猪肉、绍酒烧好后一块送给修堤的民工。

家人会错意，就把酒肉一起烧，没想到这样烧的肉分外地味美可口，一时成就一段佳话。随后，大家不但口口传颂苏东坡的为人，还学他别具一格的烹饪手法，而"东坡肉"自此也成了一道杭州名菜。

浙菜味道及品类

浙菜在水产品的烹制方面别具一格，主要手法有炒、炸、烩、熘、蒸、烧等，与我国北方的烹饪技法区别明显，注重维持食物本色原味，彰显鱼虾的鲜美，配料大都是应季的绿叶菜、鲜笋、火腿、冬菇。善用绍酒、葱、姜、醋、糖等调味去腥解腻、提鲜增香。另外，浙菜品相清雅秀丽，形神俱佳，南宋《梦粱录》记载："杭城风俗，凡百货卖饮食之人，多是装饰车盖担儿；盘食器皿，清洁精巧，以炫耀人耳目。"浙菜里的很多菜品都造型别致，名称来自名胜景观。其著名的菜品有西湖醋鱼、宋嫂鱼羹、东坡肉、叫花童子鸡、鱼头豆腐、龙井虾仁等。

教学建议

教师可引导学生讨论交流，综合学习后的心得，并根据学生自己了解的有关浙菜的知识，分组总结对浙菜的认识。可围绕以下问题展开讨论：

①你对浙菜的发展历史了解多少？

②你知道的浙菜的主要烹饪方式有哪些？

③你知道的浙菜的最具代表性的菜品有哪些？

④你最喜欢的浙菜是什么？

⑤你在家里是否尝试过做浙菜？

……

浙菜烹饪方法

浙菜烹饪的关键点为选料精细，精于炒、炸、烩、熘、蒸等，善于保留食物原味，重视菜品形态。选材力求"细、特、鲜、嫩。"细，选取材料最精美之处，使成品能达到最优形态。特，注重特产食材的选用，保证成品的地域色彩。鲜，选材鲜活，最大限度体现成品的味纯。嫩，选材鲜嫩，保证成品的鲜脆爽。

浙式经典菜教学课堂：宁波汤圆

菜品介绍

汤圆，为浙江宁波著名汉族小吃的一种，也为我国的一种经典小吃。吃汤圆是春节、元宵节等节日的食俗。吃汤圆的习俗年代久远，据传宋朝就已经出现。当时，在明州（现浙江宁波）出现了一种新奇的食物，用黑芝麻、猪油、白糖为馅，外裹糯米粉做成球形，用开水煮熟后，味道美味香甜，非常受大家欢迎。由于糯米球在锅里煮时浮浮沉沉，所以人们起初叫它"浮圆子"，之后某些地方改叫"浮圆子"为元宵。和我国大多数其他地方的人不一样的是，在春节的清晨，宁波人有全家一起吃汤圆的风俗传统。汤圆有养胃健脾、益气补中的功用，对脾虚胃寒、食欲不振、腹泻腹胀均有舒缓功能。

课堂实践

1. 了解宁波汤圆

（1）学生通过如上内容，以及搜集关于汤圆的资料，对宁波汤圆进行初步的了解。

（2）引导学生从汤圆的历史、汤圆的特点、汤圆的趣味典故等方面进行交流。

（3）开展美食播报员的活动，使学生加深对浙菜的了解。

2. 劳动准备

（1）引导学生进行分组。（可以按照自然组，教师也可以根据具体情况在学生自由组队的基础上进行适当调整。）

（2）通过观看微课视频的方式，指导学生学习宁波汤圆的制作方法，明确宁波汤圆的制作步骤。

（3）指导学生进行小组活动策划，做好劳动前的准备工作。（包括劳动工具、食材；烹饪时用到的围裙、口罩、手套；劳动的分工；等等。）

①原料：糯米粉、黑芝麻、猪板油、绵白糖、桂花等适量。

②工具准备：和面盆、砧板、煮锅、电磁炉等。

制作过程

（1）做馅：将炒熟的黑芝麻制成芝麻碎，加去除筋膜的猪板油、糖拌匀。

（2）糯米粉加水揉成团，切成小剂，捏成圆片包入馅心，制成汤圆。

（3）将水以大火煮沸，汤圆倒进锅里，再以小火慢慢煮熟，然后捞出放入碗中，配上糖、桂花就可食用。

注意事项

（1）煮冷冻的汤圆，不要用冷水和开水，应该将水烧至冒小泡以后再下锅。

（2）煮汤圆不要用清水煮，应该加入少许食用盐，再加入适量的枸杞和桂花。

（3）水烧开后，要分 3 次加入适量的凉水，给汤汁降温。

（4）汤圆出锅时，切记不要拿漏勺捞，而是要用稍微大点的汤勺把汤圆连同汤汁一起捞出。

营养与健康学堂

①糯米：糯米中蛋白质、脂肪和钙、铁、各类维生素及淀粉等含量丰富，具有很好的温胃健脾、滋补气血的功效；对多汗尿频、肠胃不好、精神不佳等症状有缓解的功用；糯米可制成各种美味的粥品，因为它有很好的食疗作用，日常会被人拿来做滋补食材。

②猪油：猪油含有占比相当的饱和脂肪酸与不饱和脂肪酸，能为人体供给很高的热量，同时还富含很多种维生素。但正因为其所含热量及胆固醇均较高，所以老人以及患有一些基础病

的人不宜食用猪油制品。

③黑芝麻：黑芝麻里的蛋白质、脂肪、维生素及钙、铁等人体必需的营养成分含量很高；特别是维生素E的含量更高，它能改善细胞的生长过程，延缓衰老，具有延年益寿的功能。作为一种食疗的优质产品，它可以补肾护肝、润燥补血、美容养颜、防止白发早生等。

「教学小视频」

过程评价

教师可以根据劳动的要求出示劳动过程评价表，用评价的方式引导学生关注本次劳动的要点，有序合作，进行劳动。

美食小达人评价表

评价项目	第 1 组	第 2 组	第 3 组	第 4 组	第 5 组	第 6 组
准备充分						
掌握方法						
安全操作						
美味可口						

教学过程

学生操作，教师巡视

（1）教师在巡视的过程中一定要重点关注学生在劳动时的安全。比如，电磁炉的操作是否得当？能否巧妙借助厨房工具将汤圆入锅，以防烫伤？

（2）鼓励学生亲自动手实践，教师可以根据实际情况给予必要的帮助。

（3）实践的过程中，引导学生结合生活经验解决遇到的问题。

评价展示

根据评价表进行评价，采用自评、互评、师评的多元评价方式，既要关注劳动的成果，也要关注劳动的过程。

拓展延伸

1. 教师可以引导学生思考

（1）南、北方吃汤圆的习俗有何不同？口味有何差异？

（2）你还吃过哪些浙菜？

2. 布置作业

（1）煮一道宁波汤圆，和家人分享。

（2）学习东坡肉、荷叶粉蒸肉等经典浙菜的制作方法，尝试动手实践。

课程小·探究

大米的储存妙招

①无氧法：把米放入密封性特别好的袋子里，扎紧袋口置于通风干燥的地方，这样的方法保存效果很好。

②花椒法：花椒可以抗氧化，而且气味非常特别，具有较强的防虫性。在储存大米的容器里，搁上一点用布袋装着的花椒，然后将容器置于干燥通风的地方，既能防虫又能放得久。

③海带法：干海带有着很好的防潮功能，而且能防虫和防止霉菌的生长。我们可以把大米和海带按100∶1的比例装在一起，经过一段时间后晒一下海带，再重新装入大米里，反复如此，就能很好地保存大米了。

④白酒法：在放着米的容器内，用瓶子装一些白酒放进去，但是瓶口一定要比大米的表面高，然后把装大米的容器密封好，能够防止大米生虫。

浙菜教学材料库

荷叶粉蒸肉

在杭州，有一道非常有名的特色菜——荷叶粉蒸肉。

这道菜诞生于清末，据说它的名字和"西湖十景"中的"曲院风荷"有些渊源。宋代，在九里松附近有个曲院，以酿官酒闻名，由于这里遍地荷花，所以又被称为"曲院荷风"。清朝康熙年间，这里又改名"曲院风荷"，而且在苏堤至虹桥北又建了座凉亭，并在东边建"迎熏阁"与"望春楼"，西边修建了复道重廊。这些地方的荷花极为繁多，每年夏天，微风吹来时，携来阵阵荷香，成为解暑的胜地，让人流连忘返。

当时杭州的厨师，为顺应游客赏景品味的需求，就用这里的鲜荷叶，把炒熟的香米粉和调过味的猪肉包裹起来蒸，发明了这道"荷叶粉蒸肉"。它味道清香，肥而不腻，软糯可口，很适合人们夏天时的胃口。后来，当西湖"曲院风荷"的名声天下传扬时，这道"荷叶粉蒸肉"的名气也与日俱增，并因其独特的口味，成为杭州乃至全国有名的特色菜品。

荷叶粉蒸肉的食材

主料：带皮猪五花肉。

配料：糯米，粳米，10厘米见方的鲜荷叶适量。

调料：熟猪油，料酒，精盐，白糖，八角，酱油适量。

荷叶粉蒸肉的做法

①切成长宽高分别为7厘米、4厘米、0.7厘米的肉片，添加适量的料酒、酱油、精盐、白糖等拌好腌制约5分钟。

②把加了小八角块的糯米、粳米一同倒入锅中翻炒，直至米变黄。将米盛出研磨成粉与肉片一起搅拌均匀，把均匀裹上米粉的肉片整齐地码放在盘子里，放入蒸锅蒸至半熟，把适量的清水、酱油均匀地淋在肉片上，然后接着蒸到肉片完全熟透。

③把鲜荷叶洗干净，把处理好的肉片用鲜荷叶一片一片包裹好放入容器里，上面均匀地洒上熟猪油继续蒸大约10分钟，将肉片出锅反扣于盘中，吃的时候再去除外面的荷叶。

东坡肉

杭州名菜东坡肉，在江浙一带非常流行。据说这道菜是北宋文学家苏轼研究出来的。这道菜由猪肉加上配料炖制而成，色、香、味俱全，被很多人喜爱。少水，多酒，慢火，是这道菜的成功秘诀。把一半为肥，一半为瘦的猪肉切成约5厘米的正方形，然后上火蒸制，该菜品肥而不腻、色泽诱人，入口香糯且有酒香，肉质酥烂，汤汁香浓，鲜美异常。

东坡肉的食材

主料：带皮五花肉500克左右。

调料：绍兴黄酒400毫升、老抽2汤匙、生姜1块、大葱1段、香葱2根、冰糖50克。

东坡肉的做法

①把猪肉放进沸水里煮10分钟后出锅放凉，然后把猪肉切成5厘米左右的方块。

②把大葱切段、香葱打结、生姜削皮切片。

③把一个小竹架放在砂锅中，将处理好的姜和大葱放在上面，然后将处理好的肉块皮向下铺好。

④锅中加入冰糖、黄酒、老抽，放入一些香葱结；拿锡纸把砂锅盖的缝隙封严实，用武火烧开，随后以文火（最小火）焖50分钟左右。

⑤然后给肉翻面，接着加入适量黄酒、老抽，上盖密封好，以文火继续焖半个小时左右。

⑥起锅把焖肉放入带盖的餐具里，加入焖肉时的汤汁，再次大火蒸大约30分钟，即可稍作装饰盛盘享用。

小提示

①这道菜的最佳食材为肥瘦适宜、皮薄新鲜的猪肋条，经汆水后，切成体积相似的块状，至于大小，因人而异。

②可以用水，也可用酒烹制，但制作前各种辅料要一定给够，方能彰显此菜的醇香味美。

③在制作该菜时，火候一定要把握好，运用恰当，才能达到酥烂有形，肥而不腻，入口软香的最终效果。

第三章

徽菜烹饪课程

（四年级·上）

教学目标：

劳动观念：了解徽菜的历史、特点、代表菜式等烹饪文化，体会烹饪的艰辛与快乐，尊重普通劳动者，形成热爱烹饪、乐于劳动的态度。

劳动能力：能够明确电磁炉等烹饪工具的使用方法，了解徽菜的特点和主要烹饪方式，学会一道徽菜"清汤白玉饺"的制作方法。

劳动习惯和品质：能在烹饪的过程中遵规守约，安全规范地参与烹饪活动，感悟劳动的不易，珍惜劳动成果，能够进行小组合作和创造性劳动。

劳动精神：烹饪的过程中能够勤俭节约，不怕困难，具有精益求精、追求卓越的工匠精神。

教学重点：了解徽菜特点，大致掌握徽菜清汤白玉饺的制作方法。

教学难点：能正确使用电磁炉等烹饪工具，会用常见的烹饪工具解决劳动过程中遇到的问题。

安全小贴士：握刀永远握住刀柄，锐面朝下，不要急抓乱摸刀口，并握牢置平，以防脱落或割伤。

课时建议：6课时。

学科融合：徽菜知识综合探究

徽菜历史小课堂

南宋时的古徽州，是徽菜的萌芽之地。徽菜本来是徽州山区一带的风味食品。在历史长河中，被各个时期的厨师们努力革新，博采众长，发扬光大。中华人民共和国成立后，安徽省内的名厨们经常交流沟通，互通有无，批判地继承和发展了徽菜烹饪方法，让其渐渐从徽州山乡风味华丽变身，形成一个兼顾南北菜式特色，又别具一格、富有特色的优秀菜系。徽菜后来逐渐传入江浙、福建、上海、两湖等地区，甚至影响我国大西北，在中国各菜系中风格独特，成了与其他七大菜系并列的中国八大菜系之一。

徽菜与安徽地理特点的关系

徽菜之所以能形成一种菜系，与其所处的特别的文化背景、地理环境和社会环境关系非常密切。徽州位于安徽南部的山区，这里群山环绕，耕地稀少，一直以来都被用"八山一水半分田，半分道路和庄园"这句话来形容。这里的山山水水，滋养出富饶的物产。

徽州的景色秀美，典型的徽派建筑黛瓦粉墙，再加上徽商重义崇儒的传奇故事……皖南的悠悠山水，古时候徽州一带丰富的物产，广袤大地上的文化熏陶，是使这里的人们形成独特口味的巨大支撑。能作为当地风味出现在大家面前的菜品，大都具有很高的辨识度，如臭鳜鱼、毛豆腐、刀板香等。

徽州绿树环绕，沟壑纵横，气候宜居，适宜的地理条件，使得徽菜原料丰富多样，也让徽菜的发展有了天时地利的强大物质基础。并且徽州的各种风俗时节礼仪活动种类多样，令人目不暇接，也为徽菜的形成和发展提供了强大的助力。比如绩溪民间席面的六大盘、岭南的九碗六等。

徽菜发展的最繁荣阶段，正是徽商在我国发展的最好时候。在很大程度上，徽州商人为徽菜的发展与流传同样立下了汗马功劳。

古徽州文化的关键构成部分，离不开当时的菜品，那时人们群族而居，推崇天、地、人相融的高超思想境界，各种各样名目繁多的庙会、神节，通常月月都有。如黟县的"打老虎""地方会"，绩溪的"花朝会""赛琼碗"，歙县的"献彩会""亮彩会""亮船会"，祁门的"神船游街"，等等。这些活动不但彰显了浓厚的民间文化韵味，还推动了区域间饮食文化的互通有无，其中的代表为绩溪的"赛琼碗"。

徽菜趣味典故

徽州毛豆腐

据传，朱元璋在徽州打了败仗后，逃命来到了休宁地区。他饥饿异常，就让手下去周围

找寻吃的，一个手下在草堆里翻出难民藏的几块已经发酵长毛的豆腐。由于实在找不到别的食物，他只好把坏了的豆腐在火上烤了给朱元璋吃。不承想这样的豆腐非常美味，朱元璋吃得非常开心。后来战争胜利后，他命令军中厨师做毛豆腐奖励士兵，从此毛豆腐就在当地广为流传。

刀板香

明朝时期，出自徽州绩溪的状元陈于泰，在与家人回乡省亲时，乡亲用绩溪特产黑毛猪肉做的腌咸肉招待他。当厨师把在枣木刀板上切好的一片片咸肉摆入盘中，一阵阵香醇的味道由厨房四散开来，在厅堂和亲友叙旧的陈状元立马循着咸肉味来到厨房，吸着鼻子连连称赞厨师道："哎呀！老家的咸肉真的太香啦！就是这块刀板都是香的。"自此，"刀板香"就成了这道菜的名称，这道菜也从此广为流传。

徽菜味道及品类

徽菜属于闻名全国的八大菜系之一，文化渊源极为深厚。它在吸收了传统的民间烹饪手法的同时，又兼具其他菜系烹饪技巧的优点，从而形成了主要制作咸鲜味菜肴的地方菜系。徽菜的主要风格就是咸鲜，力求彰显本味，注重食疗与火功。

传统的徽菜品种大约有五六百个，历经改良创新，现在徽菜的所有样式约有 3000 多个。徽菜的经典菜品为：腌鲜鳜鱼（臭鳜鱼）、问政山笋、徽州毛豆腐、徽州蒸鸡、三河酥鸭、包公鱼、吴王贡鹅、清汤白玉饺、淮王鱼炖豆腐等。

教学建议

　　教师可引导学生讨论交流，综合学习后的心得，并根据学生自己了解的有关徽菜的知识，分组总结对徽菜的认识。可围绕以下问题展开讨论：

　　①你对徽菜的发展历史了解多少？

　　②你知道徽菜的主要烹饪方式有哪些？

　　③你知道徽菜的最具代表性的菜品有哪些？

　　④你最喜欢的徽菜是什么？

　　⑤你在家里是否尝试过做徽菜？

　　……

徽菜烹饪方法

　　徽菜重油、重色，讲究火功。长处在烧、炖、蒸上面，爆、炒用得少。特点之一为食材都是现成的，以鲜为主；之二，讲究火候，火功精绝；之三，善于炖烧，浓淡得当；之四，崇尚天然，注重食补。

　　徽菜的一大特色，就是延续了我国医食一家的优良做法，注重以食养身。

徽式经典菜教学课堂：清汤白玉饺

菜品介绍

豆腐宴对淮南人来说，就是一种文化的承载。一提到与豆腐有关的菜肴，就能引人无限遐想，珍珠翡翠白玉汤当属其精品中的翘楚。若说豆腐出自淮南是上天的安排，好像还不能完全体现淮南豆腐的与众不同之处。淮南人用豆腐制作的极品美味绝妙在哪里。大豆制成豆腐后，营养不减反而大量增加。在淮南人用豆腐制作的种类繁多的名菜中，"清汤白玉饺"的妙处在于它是纯用豆腐为皮制成的饺子。

想要做这道菜，首先要有很厉害的刀功——推刀的手法来把豆腐削成薄片，也就是制成饺子皮；其次，这种饺子的制作方式也别具一格，要先把大碗碗底朝上翻过来，然后把纱布铺于碗底，接着放一个切好的豆腐片，中间放上适量的饺子馅儿；最后把纱布对折，用虎口把放了馅儿的豆腐皮压成饺子形。豆腐饺做好后，随即要蒸两到三分钟定型，接着才能烧煮。这种饺子下锅的方式也很特别，不能用手直接拿，而是用清汤冲入锅中。烧煮过后，这道美味的"清汤白玉饺"才算大功告成。

课堂实践

1. 徽菜知多少

（1）学生通过上网、采访家人、联系生活等方式搜集清汤白玉饺的资料，对清汤白玉饺进行初步的了解。

（2）引导学生交流搜集到的资料，并进行分类，可以从清汤白玉饺的历史、清汤白玉饺烹饪方式、趣味典故等方面进行交流。

（3）进行知识抢答，加深对清汤白玉饺的认识。

（4）分享徽菜代表菜式的趣味典故。

2. 劳动准备

（1）引导学生进行分组。（第一次进行小组烹饪可以按照自然组分，也可以根据具体情况在学生自由组队的基础上进行适当调整。）

（2）通过观看微课制作视频的方式，指导学生学习清汤白玉饺的制作方法，明确制作步骤。

（3）指导学生做好劳动前的准备工作。（包括劳动工具，食材，以及烹饪时用到的围裙、口罩等。）

①用料准备：主料为豆腐、肉馅、鸡汤、枸杞、青菜；调料为葱姜末、盐、鸡精、五香粉、酱油、植物油等。

②工具准备：刀、锅、电磁炉、碗、纱布、砧板等。

（4）学习电磁炉的使用。（清楚电磁炉的使用步骤，并强调用电安全。）

制作方法

（1）把葱姜、盐、鸡精、五香粉、酱油、植物油等佐料加入肉馅拌匀备用。

（2）豆腐去掉上边的硬皮，取一个饮料罐剪去顶部，将饮料罐放在豆腐上用力按。

（3）将豆腐切成一个圆柱形，用刀在豆腐柱上横切，切出一张豆腐皮。

（4）取适量肉馅放在豆腐皮上，然后将豆腐皮对折成一个饺子状。

（5）将包好的豆腐饺子放入盘中，入蒸锅蒸5分钟定型。

（6）将鸡汤撇去油，放入几粒枸杞烧开。

（7）将蒸好的豆腐饺子放入锅中煮熟，加入青菜叶，放鸡精、盐调味，出锅。

注意事项

（1）豆腐要软硬适中，厚薄适中，否则不容易成功（如把握不好，可边尝试边调整）。

（2）鸡汤不要放过多调料，才能保证菜品的原汁原味。

营养与健康学堂

①豆腐健脾益气，去燥生津，和胃去热，且富含多种营养成分。

②青菜富含维生素，能去肺火、止渴生津、缓解烦躁气闷，改善腹胀、便秘、厌食的症状。

③豆腐虽然营养丰富，但唯独没有人参汤所需的蛋氨酸，将它与其他的蔬菜肉类放在一起烹制食物，不仅能有效提高其自身价值，还能让食物的营养更为全面。

教学小视频

过程评价

教师可以根据劳动的要求出示劳动过程的评价表，用评价的方式引导学生关注劳动的要点，有序合作，进行劳动。

美食小达人评价表

评价项目	第 1 组	第 2 组	第 3 组	第 4 组	第 5 组	第 6 组
准备充分						
掌握方法						
安全操作						
美味可口						

教学过程

学生操作，教师巡视

（1）学生第一次分小组进行烹饪劳动，教师在巡视的过程中一定要重点关注学生在劳动时的安全。比如，干燥的手才可以开关电磁炉；可以借助长柄漏勺将豆腐饺放入鸡汤中煮，以防烫伤；用吸油纸吸干饺子表面的水分，借助纱布来包豆腐饺……

（2）鼓励学生亲自动手实践，教师可以根据实际情况给予必要的帮助。

（3）实践的过程中，引导学生结合生活经验解决劳动过程中遇到的问题。

展示评价

根据评价表进行评价，既要关注劳动的成果，也要关注劳动的过程。

拓展延伸

1. 教师可以引导学生思考

（1）是否可以尝试做其他口味的清汤白玉饺？

（2）你还会做哪些徽菜？

（3）你还想做哪些徽菜菜式？

2. 布置作业

（1）将徽菜文化故事和家人分享，为家人制作清汤白玉饺。

（2）可以与家人一起学习徽州毛豆腐等经典徽菜的制作方法并尝试动手实践。

课程小·探究

铁锅的养护方法

平常使用铁锅以后，一定要保证铁锅干燥，用少量油擦拭铁锅里部，放于干燥、通风处，等待下一次使用。

关于铁锅保养的细节如下：

①用完铁锅以后，用清水洗涤两到三次，洗去油污，然后用抹布擦干水渍。

②用大火干烧20分钟，析出污渍。

③先用冷水清洗锅壁，然后用钢丝球彻底刷去表面污垢。

④开小火，用猪皮擦拭内外锅壁，至油脂完全释放，然后自然晾凉。

⑤放置于通风且干燥处，等待下次使用。

徽菜教学材料库

徽州毛豆腐

徽州毛豆腐，又名霉豆腐，是一种表面带有寸许白色霉茸毛的豆制品，也是徽州一带的传统名菜。它的制作方式是：先把豆腐切成块，然后让其发酵出长一寸左右的白毛，最后用油煎成两面焦黄后再红烧。

最经典的吃毛豆腐场面：在街上碰见一位肩挑扁担，一头放干柴，一头放毛豆腐的货郎，此刻来碗浇了香油，淋了辣椒糊的毛豆腐，站在油锅边边吃边与货郎聊天，既尝到了美味，又度过了悠闲时光……可惜现在的货郎少见了，这样的际遇也不易得了。对于在外的徽州人来说，毛豆腐就是一缕浓浓的乡愁。

如果你来徽州游玩，在大多数景点都可以遇到徽州毛豆腐的摊位，这种民间小吃随处可见。但如果你想尝试亲手制作，原料可以很轻易在菜场里找到。

徽州毛豆腐的食材

主料：毛豆腐10块（约500克）。

辅料：小葱末5克，姜末5克。

调料：酱油25克，精盐2克，白糖5克，味精0.5克，肉汤100克，菜籽油100克。

徽州毛豆腐的做法

①制浆。把挑选好的颗粒饱满的黄豆过水淘洗几次，漂除杂质，然后加水泡够6~10小时，直到黄豆充分吸水膨胀为止，然后把准备好的黄豆与水按2∶1的比例放入打浆机磨碎，将打好的豆浆加热煮沸，放凉至75℃左右。

②点浆。取制作豆腐时凝固期间渗出的浆水放在自然环境里3天做备用，将豆浆与淋浆水依照7∶0.8~7∶1.5的比例入浆桶中，混合均匀后静置12~16分钟。

③定型。把静置后凝固的浆料倒进铺好滤布的模具里挤压定型后倒出，分割成均匀的小块，将多余的收纳好等待下次使用。

④乳化。把分割好的豆腐块平置于通风的竹簸箕上，块与块中间要保留空隙，乳化的最佳温度是15℃~25℃，乳化三五天

后，若有寸许的白绒毛出现在豆腐表面上，则说明乳化已经成功。

⑤把黄精、西洋参、当归、姜、蒜、辣椒依照2:1:0.5:1:2:2的比例调制好，再放入一些盐和糖。

⑥依照下面的两种说明方法中的一种开始打包。

第一种：烹饪后打包。把事先处理好的豆腐用油烹炸至表面金黄香脆即可出锅，然后和调好的佐料加水放入锅中烧煮，豆腐和佐料的比例为10:1，水的用量等于豆腐和佐料的总量。待水煮干后加入葱段，最后用熟植物油真空封口包装就大功告成了。

第二种：豆腐和佐料分开保存。将准备好的豆腐用植物油烹炸至表面金黄即可出锅，然后进行真空包装，接着把豆腐和佐料按照10:1的比例进行分装即可。

刀板香

刀板香，是徽菜里的腌猪肉食品，这道菜肥而不腻，食用时要趁热。其名字意为它在刀板上切，连刀板都沾染了它的美味。

虽然现在这道徽州土菜看上去很不起眼，但在经济条件差的岁月里，不管是城里人还是乡下人都觉得它很宝贵，哪怕能来上一小口，也是无比幸福的。很多农民劳累了一年，就盼着在腊月能宰杀一头年猪，做些刀板香。但杀猪后端上桌的菜肉通常是猪下水之类的。肉要买点，置办些乱七八糟的年货，余下多半的肉都会腌上。腌好的肉一开缸，就切好挂在屋子朝阳的墙上。旧迹斑斑的墙，挂上一排肉，真是晃人的眼睛。其实，从前东北的人家家境好坏，就是观察他的家中有多少缸酸菜，墙上挂了几条腌肉。

刀板香的食材

主料：猪肉。

调料：盐。

刀板香的做法

①鲜猪肉用盐腌上大约 40 天。

②取一些腌肉放入热水里清洗，然后在阳光下进行晾晒。晒肉的程度要以可以闻到肉香为准，然后将肉切块煮七八分熟，捞出后趁热切片装盘即可。

第四章

苏菜烹饪课程
（四年级·下）

教学目标：

劳动观念：了解苏菜的历史、特点、代表菜式等烹饪文化，体会烹饪的艰辛与快乐，尊重普通劳动者，形成热爱烹饪、乐于劳动的态度。

劳动能力：能够明确电磁炉等烹饪工具的使用方法，了解苏菜的特点和主要烹饪方式，学会一道苏菜"扬州炒饭"的制作方法。

劳动习惯和品质：能在烹饪的过程中遵规守约，安全规范地参与烹饪活动，感悟劳动的不易，珍惜劳动成果，能够进行小组合作和创造性劳动。

劳动精神：烹饪的过程中能够勤俭节约，不怕困难，培养精益求精、追求卓越的工匠精神。

教学重点：了解苏菜特点，掌握扬州炒饭制作步骤，完成扬州炒饭的烹饪。

教学难点：能正确、安全地使用烹饪工具，掌握"炒"这一烹饪方式的技术要领。

安全小贴士：将锅烧干或者擦干后方可倒入食用油，防止油溅出。

课时建议：6课时。

学科融合：苏菜知识综合探究

苏菜历史小课堂

苏菜，即江苏菜，其历史可追溯到公元二千多年前，它也属于我国八大菜系之一。因为江苏与浙江相邻，人们通常把苏菜与浙菜合起来称作江浙菜系。而苏锡、徐海、金陵、淮扬四个地方的菜品又是苏菜风味构成的主体，它们的传播范围遍布长江中下游的角角落落，乃至在全国和国外都享有盛名。

苏菜中的金陵菜起源于先秦时代，那时候吴地人非常善于烹制鱼类菜肴，并且早在千年以前，鸭子就已经是南京人餐桌上的美味了。至唐宋时期后，社会的发展繁荣，也大大促进了饮食文化的发展，苏菜逐渐成为著名的两大"南食"中的一种。到了明清两朝，苏菜因为长江和南北运河航运的发展传播，传播更为广泛。与此同时，滨水的地理优势也大大促进了苏菜在国内外的传播发展。

一直以来，江苏都是大厨的云集之地。我国历史上第一个被载于史册的厨师，以及首座以厨师姓氏为名的城市都出自江苏。

苏菜与江苏地理特点的关系

作为我国传统八大菜系之一的苏菜，其四个主要构成部分为苏锡菜、淮扬菜、金陵菜、徐海菜。苏菜口味鲜美，深受广大食客们的青睐。

运河纵贯江苏南北、长江横跨江苏东西，这让江苏的社会经济异常繁荣，与此同时，滨海的地理便利更是大大促进了苏菜在国内外的传播与发展。

江苏是典型的江南水乡，这为苏菜的发展提供了丰富的原材料。作为著名的古都，金陵（现在的南京）的交通四通八达，经济发展一片繁荣，且位于长江流域的中心城市，所以烹饪技术、饮食文化也得到了很大的发展。淮扬菜，以扬州一带为代表的菜系，因为特殊的地理环境，所以原料也多为水产为主。注重本味本色，原汁原味。徐海菜，徐州以及东至连云港一带的特色菜，风味独特，主要以鲜、咸、辣为主。

苏菜趣味典故

苏菜羊方藏鱼的由来

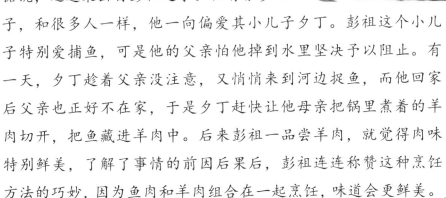

在中国有名的传统菜里，距现在已经4300 年的"羊方藏鱼"一直被尊为首位。据说，这道菜出自彭祖之手。他有很多儿子，和很多人一样，他一向偏爱其小儿子夕丁。彭祖这个小儿子特别爱捕鱼，可是他的父亲怕他掉到水里坚决予以阻止。有一天，夕丁趁着父亲没注意，又悄悄来到河边捉鱼，而他回家后父亲也正好不在家，于是夕丁赶快让他母亲把锅里煮着的羊肉切开，把鱼藏进羊肉中。后来彭祖一品尝羊肉，就觉得肉味特别鲜美，了解了事情的前因后果后，彭祖连连称赞这种烹饪方法的巧妙，因为鱼肉和羊肉组合在一起烹饪，味道会更鲜美。

自此，这道"羊方藏鱼"的菜有得以在当地的一些饭馆里流传开来，最后传播到了全国。

常熟叫花鸡

顾名思义，常熟叫花鸡就出自江苏常熟一带，它是当地的传统名菜，又叫煨鸡。制作常熟叫花鸡，材料要用到新鲜嫩荷叶、黄泥、活土鸡，以及一些其他调料等。其做法是：先把腌好的整只鸡用荷叶包好，外面涂抹上泥土，然后用火煨熟。这道菜发展到现在，已有五百多年之久了。由于它味道可口、色泽诱人，曾被收录到了《中国名菜谱》中。

据传，有一回朱元璋吃了败仗，敌人在步步紧逼，想对他们赶尽杀绝。朱元璋带着残部逃了几天几夜，饥渴难耐，体力不支。正在此刻，前面来了一个卖叫花烤鸡的老翁，朱元璋品尝后不停夸赞，后来做皇帝后赐此鸡名为"富贵鸡"。

苏菜味道及品类

江苏菜特色为食材丰富，主要为海鲜鱼类。苏菜注重刀功，制作方法很多，善于焐、煨、焖、炖，讲究食物本真，鲜香入味，因地制宜，整体清新雅致，形真质优。

江苏所在地属于江南水乡，地杰人灵，食材种类繁多。其中比较有名的有太湖银鱼、阳澄湖大闸蟹、鲥鱼等。优质的蔬菜有：宝应荷藕、太湖莼菜、淮安蒲菜等。江苏名吃有扬州鹅、高邮麻鸭、靖江肉脯、无锡油面筋等。还有众多的珍禽野味，这些都是烹饪江苏菜的绝佳食材。苏菜的著名菜式有松鼠鳜鱼、盐水鸭、鸭血粉丝汤、钦工肉圆、开洋蒲菜、蟹粉狮子头等。

教学建议

教师可引导学生讨论交流，综合学习后的心得，并根据学生自己了解的有关苏菜的知识，分组总结对苏菜的认识。可围绕以下问题展开讨论：

①你对苏菜的发展历史了解多少？

②你知道苏菜的主要烹饪方式有哪些？

③你知道苏菜的最具代表性的菜品有哪些？

④你最喜欢的苏菜是什么？

⑤你在家里是否尝试过做苏菜？

……

苏菜烹饪方法

苏菜重视刀功，刀法多变，整体风格清、雅、秀。不管冷拼热炒、拼盘工艺、热菜质形、花式雕刻等，无不彰显了苏菜厨师巧夺天工的刀功技艺。

江苏菜善于蒸、炖、炒、焖，注重汤的制作，讲究维持菜原本的滋味，菜品风格清新鲜美，浓而爽口，淡且不寡，酥、软、烂而形犹在，嫩滑脆爽且味道饱满。

苏式经典菜教学课堂：扬州炒饭

菜品介绍

扬州蛋炒饭是江苏扬州地区的著名小吃，该菜品又简称扬州炒饭。

扬州炒饭的主要原材料就是米饭，配料种类繁多，可依据个人喜好添加，比如青豆、木耳、肉丝、鸡蛋、黄瓜、胡萝卜等。

扬州炒饭在我们的生活中非常常见，而且深受人们的喜爱。大厨们烹饪这道菜肴则选材精心、烹饪精致、讲究方法，善于营养搭配。成品的菜肴，米粒松散而分明、软硬可口、光泽诱人、色彩丰富、味道鲜美、营养全面。

传说，在几千年前的春秋时期，生活在扬州河上的人们就已经在做鸡蛋炒饭了。那时，人们会把中午的剩饭留到晚上，到时候加上一两个鸡蛋，放入葱蒜等配料，倒入锅中随便炒炒，就成了一顿美味的晚餐了。传说，是隋炀帝在扬州游玩时，将自己爱吃的这种米饭的做法带到了这里。有的研究人员则认为这道菜肴是来自劳动人民的创作。到了明朝，来自扬州民间的厨师，在烹饪此饭时，多用了大量的辅料，扬州炒饭自此才有了初步的形态。到了清代嘉庆时期，伊秉绶在做扬州太守时，曾以葱油蛋炒饭进行了尝试，又添加了火腿、瘦肉、虾仁等配料，此后，扬州炒饭慢慢发展为品类多样的蛋炒饭，这也让它更加美味，更受欢迎。后来，扬州炒饭经由海外经商的华人的传播，成了深受很多外国人喜爱的一道中国菜肴。

课堂实践

1. 了解扬州炒饭

（1）学生通过上网、采访、走访江苏菜馆等方式搜集关于扬州炒饭的资料，对扬州炒饭进行初步的了解。

（2）引导学生交流搜集到的资料，并进行分类，可以从扬州炒饭的历史、特点、趣味典故等方面进行交流。

（3）开展美食播报员的活动，使学生加深对扬州炒饭的了解。

2. 劳动准备

（1）引导学生进行分组。（教师可以按照自然组分，也可以根据具体情况在学生自由组队的基础上进行适当调整。）

（2）通过观看微课制作视频的方式，指导学生学习苏菜的制作方法，明确苏菜的制作步骤。

（3）指导学生进行小组活动策划，做好劳动前的准备工作。（包括劳动工具、食材，烹饪时用到的围裙、口罩、手套，劳动的分工，等等。）

①食材准备：米饭、鸡蛋、火腿肉、虾仁、青豆、胡萝卜、玉米粒、葱末、绍酒、盐、胡椒粉。

②工具准备：电磁炉、炒锅、菜刀、砧板等。

制作过程

（1）火腿切成略小于青豆的方丁。

（2）鸡蛋磕开，放入盐、葱末进行搅拌。

（3）热锅放油，倒进打散的鸡蛋液翻炒，接着往锅中添加事先备好的辅料青豆、胡萝卜、玉米等继续翻炒。

（4）添加火腿、少许绍酒继续炒匀。

（5）添加少许盐、胡椒粉调味，加入虾仁接着翻炒。

（6）把准备好的米饭放进锅内继续翻炒，等米饭与其他辅料充分混合，即可出锅食用。

注意事项

（1）米饭最好用新粳米、籼米制作。放在冰箱里的隔夜米饭为此菜的首选原料，因为它口感更劲道香醇。

（2）米要淘洗好，稍微加水浸泡一下再煮，这样米饭更容易煮熟，且松散，软硬适宜。

（3）炒饭时要防止焦煳。

（4）此饭最好以生抽调味，否则颜色太深，影响观感。

营养与健康学堂

①鸡蛋：富含蛋白质、铁、钾和HA和卵磷脂，及多种维生素和微量元素，可降低人体致癌物的存活率。

②火腿：肉咸甜带香，且香而不腻，让人回味无穷，其富含的很多营养非常易于人的健康，比如养胃益肾、生津固髓、促愈健体等。

③虾仁：虾肉易于消化，肉质爽滑，富含镁，能养护人的心脑血管，降低人体胆固醇指数，预防血管老化，还能促进冠

状动脉的收缩，预防高血压及冠心病。

④青豆：是优秀的蛋白质提供者，还富含膳食纤维，能大大改善和清洁肠内环境，有效缓解便秘症状。

⑤玉米粒、胡萝卜：含有大量维生素、胡萝卜素，能大大提升人体的康复水平和机体功能，提高免疫力，防止人体有害物质的合成，预防疾病的产生。

「教学小视频」

过程评价

教师可以根据劳动的要求出示劳动过程的评价表，用评价的方式引导学生关注劳动的要点，有序合作，进行劳动。

美食小达人评价表

评价项目	第1组	第2组	第3组	第4组	第5组	第6组
准备充分						
掌握方法						
安全操作						
美味可口						

教学过程

学生操作，教师巡视

（1）教师在巡视的过程中一定要重点关注学生在劳动时的安全。比如，电磁炉的操作是否得当？学生是否注意防止烫伤？是否能把握火候？

（2）鼓励学生亲自动手实践，教师可以根据实际情况给予必要的帮助。

（3）实践的过程中，引导学生结合生活经验解决劳动过程中遇到的问题。

评价展示

根据评价表进行评价，采用自评、互评、师评的多元评价方式，既要关注劳动的成果，也要关注劳动的过程。

拓展延伸

1. 教师可以引导学生思考

（1）南、北方吃扬州炒饭的习俗有何不同？口味有何差异？你是否可以尝试根据自己的口味改良扬州炒饭？（如广东人会试着加入腊肠等腊味制作扬州炒饭。）

（2）你还吃过哪些苏菜？

2. 布置作业

（1）炒一份扬州炒饭，和家人分享。

（2）和家人学习尝试制作常熟叫花鸡、松鼠鳜鱼等经典苏菜的制作方法，并尝试动手实践。

课程小·探究

电饭煲使用注意事项

①不要用电饭煲来煮过酸或者过咸的食物，因为它的内胆是铝制的，用来煮过咸或过酸的食物都可能使其受到腐蚀进而出现损坏。

②煲汤或者煮稀饭的话，还是要留人照看，防止汤水流到内部造成元件损坏。

③及时清洗使用过的内胆，不要用尖刺或者其他硬物去铲刮内部，这样会损坏其表面涂层。

④在对电饭煲进行清洁的过程中，电器部分一定不要与水接触，以防出现短路、漏电，洗完之后一定要把水擦干才能放回机体内，以免造成触电。

⑤不要放在容易被油烟侵袭的地方，也不要放在有腐蚀性气体的环境内。

⑥使用电压与电饭煲自身的额定电压要保持一致。

⑦为避免内胆和发热盘接触不良，二者中间不要有杂物，

应该保持干净，避免碰撞。

苏菜教学材料库

常熟叫花鸡

常熟叫花鸡不论是在江苏省本地，还是在其他地方，都久负盛名，它是江苏经典菜肴，又叫作煨鸡。做这道菜要用到鸡肉、黄泥、荷叶和其他辅料。

这道菜的成品色泽油亮、酥软鲜香、健康美味。在上桌前，要先剥去上面的泥壳，然后配以葱白和甜面酱，食用体验会更加让人难忘。

这道菜的做法和周朝"八珍"里的"炮豚"非常类似，"炮豚"是以黏土包裹腌制好的乳猪，然后放入火中烧烤，最后再配以辅料食用。

常熟叫花鸡的食材

主料：一只三四斤左右的三黄鸡。

辅料：适量葱、姜、火腿片、香菇、冬笋片、虾仁、荷叶。

调料：菜油、绍酒、黄酒、精盐、酱油、熟猪油、白糖、丁香、玉果末、大料等。

常熟叫花鸡的做法

①把鸡清洗干净，剁掉脚，在翅膀下切一个长约3厘米的小口，去除鸡腹中的杂物，清洗干净后控干水分。拿刀把鸡翅、腿、颈斩折放入盆中，用佐料酱油、黄酒、盐适量腌制1小时。然后将丁香、大料碾碎与玉果末一起拌匀涂抹在鸡肉上。

②锅烧热后，放入熟猪油，油温烧至五成热时，锅中加入葱姜及大料翻炒，然后加入虾仁、香菇、冬笋片、火腿炒匀，接着放适量绍酒、酱油、白糖，断生后馅料即制作完成。

把晾凉的馅料从翅膀下的切口塞入鸡腹，把鸡头放进切口里，两翅膀下各放一些丁香，先以猪网油裹紧鸡身，接着包裹一张荷叶，再包一张锡箔纸，外面再裹上荷叶，用绳扎紧。

③把酒坛泥碾碎用水搅拌成泥，然后涂抹在鸡上，厚约1.5厘米，再次用锡箔纸包紧。

④把处理好的鸡放进烤箱大火烤40分钟，泥干后补泥继续大火烤半小时，接着小火烤1个半小时左右，最后再用小火烤1个半小时即可取出，敲泥去绳，揭叶去纸，佐以麻油即可享用。

小提示

①制作叫花鸡，材料要挑选虞山特产的体大头小、肉多且质细的三黄鸡，重三四斤左右的最好。

②拿刀背断鸡骨时，要注意整只鸡鸡皮的完好。

③先裹网油再裹荷叶，既可以预防烤焦，又可以帮助激发荷叶的香味。

④用泥涂抹鸡时，可将泥均匀地摊在布上约1.7厘米，然后把鸡放在中间，把湿布从四角提起包紧，让泥粘牢，然后拿掉湿布进行其他包裹。

⑤在烤制时，一般炭火的烤法要把鸡固定在架子上，贴近炭火，每30分钟翻一下，4小时左右即可熟透。

文思豆腐

有一道出自扬州，历史久远的以豆腐为主要食材的江苏名菜"什锦豆腐羹"，又叫"文思豆腐"。据说，它是一位清朝乾隆时期的扬州和尚文思发明的。这道菜选料精良，烹饪技艺高超，爽滑软嫩，且有着调理肠胃、增加营养、益气补虚等食疗效果，是非常适合儿童和老年人食用的。清朝俞樾的《茶香室丛钞》写道："文思字熙甫，工诗，又善为豆腐羹甜浆粥。至今效其法者，谓之文思豆腐。"这道菜在其他典籍里又被称作"什锦豆腐羹"。

文思豆腐的食材

食材：适量的豆腐、冬笋、鸡胸肉、火腿、鲜香菇、青菜。

调料：盐（4克）、味精（3克）等。

文思豆腐的做法

①豆腐除去硬皮切细丝，用开水汆烫去除腥味。

②香菇洗干净切细丝。

③冬笋处理干净，煮熟切丝。

④鸡脯肉清洗后煮熟切丝。

⑤熟火腿切成细丝。

⑥生菜焯水切丝。

⑦适量清鸡汤加入香菇丝上锅蒸熟。

⑧清鸡汤适量，烧开后加入香菇丝、菜丝、肉丝、笋丝、火腿丝、盐等，再次烧开，加入味精盛碗里。

⑨把适量清鸡汤烧开，倒进豆腐丝，豆腐丝浮出，用漏勺盛起加入碗中，美食即成。

第五章

闽菜烹饪课程

（五年级·上）

教学目标：

劳动观念：了解闽菜的历史、特点、代表菜式和主要的烹饪方式等，增强对我国饮食文化的了解，培养学生热爱劳动，懂得劳动创造美好生活的道理。

劳动能力：了解沙县拌面的制作流程，并能选择合适的工具和材料制作沙县拌面。

劳动习惯和品质：在制作沙县拌面的过程中，养成注意安全、有始有终的劳动习惯，培养团队合作的精神。

劳动精神：通过参与制作，感受劳动的艰辛，尊重和热爱劳动人民。

教学重点：了解闽菜特点，掌握沙县拌面的制作方法。

教学难点：会用常见的烹饪工具解决劳动过程中遇到的问题。

安全小贴士：捞面的时候一定要注意，可以借助厨房工具，以防烫伤。

课时建议：6课时。

学科融合：闽菜知识综合探究

闽菜历史小课堂

与前面介绍的菜系一样，闽菜也属于我国八大菜系里的一种，这一菜系是由古代越族文化和中原汉族文化在融合与交流的过程中一步步形成的。众所周知，八闽一带是闻名全国的侨乡，遍布世界各地的华人把外面的新奇食材和与众不同的调味品纷纷带回家乡。这大大丰富了福建地区的食材，也让当地美食文化的内涵更加丰富。总之，这些因素在闽菜的发展历史中是不容忽视的。当地老百姓在与南洋人民及有海外经历的人交流沟通中，不仅把当地的饮食习惯传播出去，也逐渐接受了外面的一些饮食习惯——因此让福建饮食的特色更加的别具一格且具有开放性。

西晋末年的"永嘉之乱"爆发后，许多的中原先民因避乱而到了福建一带，在和当地古越文化交流融合的同时，也极大地推动了其发展。从唐末到五代，来自中原的王审知等人带领队伍在福建一带成立了"闽国"，这对当地餐饮行业的持续繁荣进步起了很大的推动作用。自此在福州菜的基础上，闽菜通过与南迁中原饮食风格的沟通融合，又和福建其他地方菜系互通有无，最终形成了自己特有的风格，并逐渐成了我国的八大菜系之一。

闽菜与福建地理特点的关系

福建地理位置闭塞，面海背山、地势复杂、河泊遍布，文明发展比较缓慢。

在福建境内，高耸的武夷山横贯其西北，阻隔了第四纪冰川南行的步伐，为其境内动植物物种的发展壮大提供了优质水源。当地的地势特征丰富多变，山丘、盆地、平原、峡谷、浅湾等应有尽有，孕育了复杂多样的动植物品种。浅海滩涂螺蚌蛏蛤，大江河湾鳞甲水族，山坳林间麋鹿獐兔，南部平原四时瓜果……这构成了足以让人眼花缭乱的闽菜食材。

闽菜食材组成众多，也非常推崇本地食材的纯粹性，但它不像鲁菜的面食，也不像川菜中的水煮鱼和畜肉，可以通过运输推广普及，或从当地获取同类食材。闽菜赴异地烹饪表演，除本土食材，时常连水都要桶装带去。细究起来，地理环境的限制，正是闽菜后来居上的底气之一。

闽菜趣味典故

"佛跳墙"的由来（一）

相传发明"佛跳墙"这道菜的人，是一位偷吃荤菜的小和尚。小和尚平日打理清扫寺庙环境，偶尔会私藏留下些礼佛供桌上的牲礼，倒在瓦罐里存放。

一天晚上，众人都歇息了。小和尚却觉得饥饿异常，起身就去找吃的，但毫无收获。忽然他脑子里灵光一闪：厨房的罐子里还剩了一些祭祀用品。于是他就把这些余下的食材放到罐子里，翻墙来到寺庙外，在空地上架起柴堆，开始煮了起来。罐子里各种食材掺杂在一起的味道太鲜美了。从此以后，小和尚时不时地溜出去偷偷摸吃上一次。后来，寺庙里有人半夜出来方便，突然闻到了从寺庙院墙外面传来的诱人香味，他随着味道一路找来，发现是小和尚偷偷摸摸地在把各种食材用旧瓦罐煮着吃，而用这种方法做出的东西美味无比。

于是这个人在赞叹之余，也加入了偷吃的队伍，时间久了，众人都知道了这种美味的存在。

而这个菜肴被戏谑为"坛启荤香飘四邻，佛闻弃禅跳墙来"。后来，就连很多附近的餐馆也纷纷效仿学习，这个菜也被命名为"佛跳墙"，广为流传。

"佛跳墙"的由来（二）

从前，有个秀才去参加科举时，借宿于福州的西禅寺里。日常，他喜欢把在酒楼讨回的剩菜，在寺院里用锅一起煮。

某天，一位富人带了全家到聚春园吃饭。为了彰显自己的财大气粗，他把所有的招牌菜全点上了。结果饭菜剩了很多，而这些剩菜就被店家送给了那个秀才。秀才借来了香炉，把这些剩菜全倒了进去，盖上香炉后用泥土封严实，接着像道士炼丹那样，用火煨烤了好一会儿。

他打开密封的香炉后，香气弥漫，品尝了一下，险些把舌头都一块吃下去。他一边吃一边感叹："有好菜无好酒。"这时铁拐李正好就在旁边的房间里歇息，他闻到香气，立刻翻墙来到秀才做饭的地方，然后一人拿菜，一人供酒，两人围着香炉吃得不亦乐乎。后来这位秀才中举做官，就把"佛跳墙"作为这道菜的名字。

闽菜味道及品类

因为福建一带河流遍布，这里的人民在海上的往来也十分频繁，当地的饮食习惯也渐渐演变得具有很强的开放性。在八大菜系中，闽菜在山珍海味的制作方面技艺高超，在注重兼顾菜品的美观美味的基础上，把"香"和"味"发挥得淋漓尽致，且菜品清香、醇厚、爽口，精于各种汤品的制作，在汤品的烹制中独树一帜。

福建南面临海，北边靠山。绵延的高山地带，各种菌笋类、莲藕、银耳、河鳗、甲鱼等奇珍野味遍布；长长的海滩上，各种品类绝佳的海产品数不胜数，终年不断。地势平缓的平原丘陵地区，稻米飘香，各种蔬果久负盛名。物产的富足，让闽菜的食材应有尽有，也让这里名厨辈出，成就很多优秀的烹饪行业的人才，他们大都善于用海产品作为食材烹制美味佳肴，并且口味与众不同。

除了"佛跳墙"，闽菜里的经典菜还有很多，比如兴化米粉、荔枝肉、沙县拌面、太极明虾、白雪鸡、红糟鱼等，都各具特色。

教学建议

　　教师可引导学生讨论交流，综合学习后的心得，并根据学生自己了解的有关闽菜的知识，分组总结对闽菜的认识。可围绕以下问题展开讨论：

　　①你对闽菜的发展历史了解多少？

　　②你知道的闽菜的主要烹饪方式有哪些？

　　③你知道的闽菜最具代表性的菜品有哪些？

　　④你最喜欢的闽菜是什么？

　　⑤你在家里是否尝试过做闽菜？

　　……

闽菜烹饪方法

　　闽菜主要制作方法是汤类要清而淡，炒菜要脆，尤其善于海鲜的烹制。其主要技艺为煎炸、炖煮、熘炒、焖蒸等。

　　（1）注重刀功与整体美感。因为海产品大都柔软而有韧性，需要厨师必须刀功了得，技艺娴熟。

　　（2）菜品多为汤菜，味道鲜香。在闽菜里，汤菜占有很大的比重，此类饮食特征和当地海产品种类多样有非常大的关系。从做菜技巧和健康方面来分析的话，福建一带的人们一直非常注重在烹饪过程中确保菜品的本味、质量与鲜美。

　　（3）辅料新奇，香醇味甘，可口鲜美，是所有人对美食的一致追求，而闽菜的最显著特点之一就是擅长对调味品的运用。它的多数菜品都倾向于酸甜和清淡，这一风格，与闽菜大多以山珍特产和海产品为烹饪食材颇有渊源。

（4）烹饪风格多变，而且技艺高超。闽菜善于运用丰富多样的技巧进行烹饪活动，在氽、焖、蒸方面经验独到，而且还精于煮、煨、炸等方式。

闽式经典菜教学课堂：沙县拌面

菜品介绍

　　沙县拌面是福建三明沙县的"沙县小吃"的一种，一般与沙县扁肉搭配成餐，具有香味浓郁、色彩靓丽、食材易得、制作方法简单易懂的优点。其异于武汉热干面的做法是，沙县拌面的配料为花生酱，而不是芝麻酱，而且它少了热干面必备的拌油的操作步骤。因此在制作沙县拌面的过程中，面捞出以后一定要迅速将其搅拌均匀，否则就很容易坨在一起，影响口感。沙县拌面其他有别于热干面的地方为：热干面多选用黑胡椒做辅料，而沙县拌面喜欢用白胡椒。并且一碗味道纯正的沙县拌面，须得配上出自沙县的秘制辣椒酱，才可以说是绝对正宗。做得成功的沙县拌面，闻起来味道香浓，看上去颜色鲜亮，吃起来咸甜适宜，香而爽口。早餐来一碗正宗的沙县拌面，再来一碗煮过面的清汤，你一定会肠胃舒适，精神愉悦。

课堂实践

1. 了解沙县拌面

（1）课前，让学生通过上网、采访家人、到图书馆查找资料等方式搜集有关闽菜的资料，对沙县拌面有个初步的了解。

（2）学生交流资料，并通过思维导图的方式，把搜集到的资料进行分类，然后归纳成几个小主题：闽菜的历史，闽菜的烹饪方式，闽菜的代表菜式，闽菜的趣味典故。

（3）分组，学生根据自己的兴趣爱好进行分组，小组内进行交流，并推荐一名学生上台汇报。

（4）各小组派一名代表上台汇报。

2. 劳动准备

（1）指导学生做好劳动前的准备工作。（包括劳动工具，食材，以及烹饪时用到的围裙、口罩等。）

①原料准备：面条 500 克左右，花生酱 50 克，时鲜青菜若干，酸菜、盐、味精（鸡精）、香油、醋、蒜泥适量。

②工具准备：电磁炉、煮锅、砧板、刀、捣蒜器、碗筷等。

（2）通过观看微课视频的方式，指导学生学习沙县拌面的制作方法，明确其制作步骤。

（3）在进行实践操作之前，要对学生进行用电的安全教育。

制作过程

（1）锅中加入清水煮开，放入面条，面煮熟后过一遍凉开水盛入碗中。

（2）将青菜放入沸水中氽熟，冷开水过凉。

（3）将青菜放在面条上。

（4）把盐、味精、香油、蒜泥等加入和好的花生酱里，然后把它们放进面条里拌匀，再来一碗清汤即可享用。

注意事项

（1）面煮好以后必须马上拌匀，否则面容易粘连。

（2）要掌握花生酱的正确调配方法，否则面就达不到应有的口感。

（3）掌握好煮面的时间，面煮得太久会不筋道。

（4）花生过敏或高血脂人群不宜食用该食物。

营养与健康学堂

①面条：面粉富含蛋白质与碳水化合物，而且营养容易被人体消化吸收，可滋养肠胃、增强体质、均衡人体营养成分。

②花生酱：花生酱的原材料是花生，经压榨去油制作而成。其口感细腻软滑，味道鲜美，既保留了花生所具有的香味，又富含多种营养成分，是很多菜品制作过程中都会用到的调味品，在西餐的制作里，它也是特别常见的。

「教学小视频」

过程评价

教师可以根据劳动的要求出示劳动过程评价表，用评价的方式引导学生关注劳动的要点，有序合作，进行劳动。

美食小达人评价表

评价项目	第1组	第2组	第3组	第4组	第5组	第6组
准备充分						
掌握方法						
安全操作						
美味可口						

教学过程

学生操作，教师巡视

（1）学生进行烹饪劳动，教师在巡视的过程中一定要重点关注学生在劳动时的安全。比如，干燥的手才可以开关电磁炉；捞面的时候一定要注意，以防烫伤。

（2）鼓励学生亲自动手实践，教师可以根据实际情况给予必要的帮助。

（3）实践的过程中，引导学生结合生活经验解决劳动过程中遇到的问题。

展示评价

根据评价表进行评价，既要关注劳动的成果，也要关注劳动的过程。

拓展延伸

1. 教师可以引导学生思考

（1）是否可以尝试加入其他的调味料？

（2）你还会做哪些闽菜菜式？

2. 布置作业

（1）利用周末的时间为家人制作沙县拌面。

（2）可以学习太极明虾、荔枝肉等经典闽菜的制作方法并尝试动手实践。

课程·小·探究

花生酱稀释小妙招

①将一大勺花生酱放在碗中，先倒入少许温水，小心地搅拌均匀。

②等到花生酱变成米糊状时，继续加水。

③直到花生酱变成你想要的稀稠程度后，加入白砂糖，继续把它搅匀。

④搅匀后把它放在那里沉淀几分钟，如果沉淀后发现水和花生酱不相融，证明水过多，倒出一些水即可。

闽菜教学材料库

太极明虾

太极明虾为福建名菜。精选大个对虾，剥壳去头后捣烂成泥，配以碧绿的蔬菜汁液，淋成太极形状，上笼屉蒸熟配以白汁，形色古朴，虾肉香浓。《易传》云："易有太极，是生两仪。两仪生四象，四象生八卦。"太极明虾取太极之形精制而成，青白之间，仿佛蕴含宇宙万物，更生磅礴之气。

太极明虾的食材

主料：海虾几只、地瓜、莴苣、菠菜、鸡蛋、牛奶适量。

调料：盐、味精、番茄酱、生粉、白糖适量。

太极明虾的做法

①将虾去头尾、除虾线清洗干净，用刀从虾背部下方连续切一字刀，然后放入沸水里氽熟，出锅控水备用；地瓜去皮清洗，切为细丝；莴苣去皮清洗后氽熟，出锅控水后切为成半月片备用；菠菜择洗干净后榨汁备用；将鸡蛋清、黄分离后备用。

②把蛋清和牛奶混合后搅拌均匀，然后放入2克盐、3克味精备用。

③把蛋黄与菠菜汁拌匀，然后放入适量盐、味精备用。

④油入锅，油温六成时放地瓜丝，炸至金黄后出锅控油。

⑤把事先准备好的蛋清、蛋黄用小火蒸熟，放到太极形状的模具里定型备用。

⑥另起锅放油，加入清水、番茄酱烧开，再加入水、淀粉做成番茄汁备用。

⑦将莴苣摆成花形，分别放上大虾，把地瓜丝铺在蛋形太极周围，然后将番茄汁淋在大虾上，美食完成。

小提示

①虾肉改刀时切忌刀口深浅不一，否则在氽的过程中形状容易改变。

②将莴苣氽水后再改刀，颜色更亮丽，而且易于操作。

③蒸鸡蛋的过程注意要使用小火，因为可以使蒸蛋光滑细腻，没有蜂窝形状出现。

荔枝肉

荔枝肉是一道非常有名的闽菜，这道菜已经有二三百年的历史了。究其得名的缘由，就是这道菜在烹饪过程中，部分食材，如荸荠和改刀为十字花形的猪肉块儿，在制作后外形非常像荔枝。可是现在在一众餐馆里，人们在制作这道菜时，习惯拿土豆来替换荸荠。这道菜色彩诱人，味道酸甜，把闽菜的独特之处体现得淋漓尽致，不仅当地人非常喜欢吃，同时也深受其他地方人们的喜爱。

其烹饪方式为：把瘦猪肉切为斜块形，接着在上面刻十字形花刀，由于刀口的宽度与深度的适宜得当，在用油料烹炸后就会变得很像荔枝的形状，加入辅料醋、麻油、白糖、红糟、淀粉等之后，这道美食即可享用了。

荔枝肉的食材

主料：猪肉（瘦）。

辅料：荸荠。

调料：大葱、红糟、白醋、酱油、白砂糖、大蒜、蚕豆淀粉、味精、香油、花生油各适量。

荔枝肉的做法

①清洗猪肉后，将其切成长、宽、厚分别为10厘米、5厘米、1厘米的片状，再改为十字形花刀，随后切为均匀的3片。

②把每粒荸荠切成2~3块的小块。

③把肉片和荸荠用细红糟和湿淀粉拌匀。

④葱择洗干净，把葱白切成马蹄形。

⑤用酱油、白醋、白糖、味精、高汤、湿淀粉制作卤汁。

⑥取锅倒入花生油，油温八成，可炸制裹了浆的马蹄、肉片，用炒勺打散，炸成荔枝形即可出锅控油。

⑦锅里放油，放入蒜葱煸一下，然后倒进卤汁煮开，接着放入荸荠块和肉翻炒几下，美食即成。

第·六章

鲁菜烹饪课程

（五年级·下·）

教学目标：

劳动观念：了解鲁菜的历史、特点、代表菜式和主要的烹饪方式等，增强对我国饮食文化的了解，建立健康饮食的观念，培养学生热爱生活，懂得劳动创造美好生活的道理。

劳动能力：学习鸡汤云吞的制作方法，并能选择合适的工具和材料，掌握鸡汤云吞的制作方法。

劳动习惯和品质：在制作鸡汤云吞的过程中，养成注意安全、有始有终的劳动习惯，培养团队合作的精神。

劳动精神：通过参与制作，感受劳动的艰辛，尊重和热爱劳动人民。

教学重点：了解鲁菜特点，掌握鸡汤云吞制作步骤，完成鸡汤云吞的烹饪。

教学难点：掌握鸡汤云吞制作步骤，完成鸡汤云吞的烹饪。

安全小贴士：烹饪的过程中需要使用隔热手套或者抹布去端比较烫的锅。

课时建议：6课时。

学科融合：鲁菜知识综合探究

鲁菜历史小课堂

鲁菜在我国的传统八大菜系中历史最为久远，相对于苏、浙、粤等影响型菜系来说，作为自发型菜系典范的鲁菜，烹饪技法更加多样化，烹饪技巧更为成熟，也更为深厚，同时，该菜系也代表着华中地区烹饪文化的最高水平。

两千多年前，诞生于鲁地的儒学一派为中国饮食的健康、温和、精益求精做出了纲领性的引领，同时也决定了华夏饮食文化的审美标准，北魏贾思勰所做的《齐民要术》里，就非常详细地归纳了齐鲁一带的中式烹饪方法。如蒸制、煨烤、蜜酿、煎炸、烹炒、熬煮、蜜椒等，构建了烹饪技艺的基本体系。到了明末清初，很多来自山东的厨师带着当地的菜品为皇室服务，鲁菜也发展得越来越具有尊贵的气息，变得更加富丽典雅、大气包容、注重养生，其菜品独具特色的内涵与外延在这一时期的发展中不断得到拓展与升华。我国古代关于烹饪的典籍与材料，大都出自山东人之手，这些宝贵的财富在山东的土地上流传甚广，并成为一种文化习俗代代相传，为鲁菜作为一种菜系的发展壮大提供了非常必要的条件。

自宋朝起，鲁菜逐渐成了北方饮食文化的典范。明代和清代的宫廷饮食也多以鲁菜为代表，这些因素大大影响了京津及华北、东北一带的饮食文化的发展。

鲁菜与山东地理特点的关系

位于黄河中下游一带的齐鲁大地，气温宜人，地理样貌丰富多样，境内不仅遍布江河湖泊，而且平原丘陵众多。鲁菜的烹饪食材不仅种类繁多，而且营养均衡，蔬菜瓜果、珍禽异兽、河鲜海产、珍贵菌类等在鲁菜中都极为常见，种类多样的物产极大地推动了鲁菜制作方法的开拓创新。

由于地理位置的影响，鲁菜的组成部分有济南菜、胶东菜以及别具一格的孔府菜，和其他地方的菜式相比较，鲁菜可供选择的食材范围不够广泛。但是，这也让鲁菜形成了用料精细、烹饪手法高超、制作时间相对长的特点。胶东菜则以海鲜闻名，而且善于将海鲜与其他食材巧妙地结合起来。

鲁菜趣味典故

九转大肠

作为济南的著名传统菜品，九转大肠的制作方式是：先把猪大肠用沸水汆烫后下入油锅炸，然后再在肠衣中填进很多种辅料，接着用小火煨煮完成制作。

这道菜有这么一个传说，清光绪时济南有一个名为"九华楼"的酒楼，这家酒楼的杜老板一心向佛，特别推崇佛家"九九归一"之说。

一天，杜老板去拜访他的一位朋友，朋友给他回礼时另外多加了一副猪下水。杜老板返回酒楼后，让后厨一位姓于的厨师做一道肥肠给他品尝。这位做菜师傅回到厨房后就开始仔细琢磨，经过好几次试验后，最终端上桌一道不论形、色、味都很绝的大肠菜肴。

等了许久的杜老板一听说菜做好了，立马坐下来品尝，只见桌子上的猪大肠色泽金黄，油光发亮，他赶快拿起筷子吃了一口，果然菜品味道非常不错，杜老板赞不绝口。隔日，他请所有朋友前来品鉴这道菜，并为它命名。

第二天，宾客盈门，欢聚一堂，在品尝这道菜之后，大家都交口称赞，可是没人知道菜的名字。参加宴会的人里面有一个人非常有文采，他对杜老板十分了解，知道他喜欢九字，信奉佛教，于是就把此菜命名为"九转大肠"。他给出的解释是，擅长炼丹的道家有种丹药，被美名曰"九转仙丹"，这道美食吃着就像服了"九转仙丹"，这个名字非常合乎杜老板的心意。

从那以后，这道菜就名声在外，迅速得到了济南一带人民的欢迎，后来在山东乃至全国都十分有名气。

四喜丸子

据说，四喜丸子最早是由唐朝人做出来的。

某年，又是一次科举考试的时间，很多考生分别从四面八方赶到京城，唐朝的

著名丞相张九龄也在其中，但那时他的身份还仅仅是一个籍籍无名的穷书生。

结果在科举考试里，张九龄得以金榜题名，皇帝非常欣赏张九龄，想招他做驸马。但彼时张九龄的老家恰逢洪水肆虐，父母离家逃难，不知所终。在婚礼进行的当天，张九龄恰好知道了父母的音信，他马上命人接父母来了京城。因为双喜临门，为了庆祝，张九龄就特意嘱咐厨师做一道寓意吉祥的菜。

厨师把菜做好后，张九龄发现这道菜只是四个浇了汤汁的肉丸。于是他就问厨师这道菜有什么说法，这个厨师机灵地回答："这道菜的寓意是'四圆'，一为老爷金榜高中，二为洞房花烛，三为做了驸马，四为一家欢聚。"张九龄听了赞不绝口道："'四圆'没有'四喜'应景好听，不如以'四喜丸'为名吧。"

自此，人们一遇到大的喜事时，宴请宾客一定少不了这道菜。

鲁菜味道及品类

鲁菜风味独特，调味咸鲜，注重食材的质量，用汤增鲜，用盐显鲜，追求菜品的味纯咸鲜，保留原味；鲁菜特别注重火候把握，它最突出的烹饪方法就是爆、扒与拔丝，其中最突出的手法是爆与扒，一直被大家津津乐道，而鲁菜"爆"的技艺完美展现在火候的掌控方面；精于制汤，鲁菜厨师大都精于制作汤品，以汤来彰显食材的鲜美本味，尤为擅长"清汤"和"奶汤"的制作，二者区别明显，但都清鲜味美；鲁菜也擅长海味的烹制，其中珍品与海味的制作方法令人称绝。齐鲁一带的海鲜产品，在这里技艺高超的厨师的手中，都能变成让人赞不绝口的美味佳肴。

鲁菜中最经典的菜品有九转大肠、芙蓉鸡片、葱烧海参、汤爆双脆等。

教学建议

教师可引导学生讨论交流，综合学习后的心得，并根据学生自己了解的有关鲁菜的知识，分组总结对鲁菜的认识。可围绕以下问题展开讨论：

①你对鲁菜的发展历史了解多少？

②你知道的鲁菜的主要烹饪方式有哪些？

③你知道的鲁菜的最具代表性的菜品有哪些？

④你最喜欢的鲁菜是什么？

⑤你在家里是否尝试过做鲁菜？

……

鲁菜烹饪方法

鲁菜的烹饪技法分为两种：

（1）热菜制作方法：炸、熘、爆、炒、烹、烧、扒、烩、焖、炖、煨、煎、汆、蒸、烤、糖粘等。

（2）冷菜制作方法：腌、炝、拌。

此外，鲁菜里面还有很多非常讲究厨师烹饪水平的技艺，如高汤制作、炒糖、整鸡出骨、拔丝、在布匹上切丝、手拉活海参等。

鲁式经典菜教学课堂：鸡汤云吞

菜品介绍

鸡汤云吞是青岛的一道著名传统小吃，该菜色泽鲜艳、筋滑嫩爽、鲜而不腻、味道纯正，佐以香菜后味道更佳。这道菜最鲜明的特色是，它所采用的底汤是用鸡骨熬出的清汤，新鲜味美。云吞的馅料种类繁多，既可以是猪肉、牛肉等各类精肉，也可以是海鲜，但长期以来唯一保持不变的就是它的底汤，人们在爱吃云吞的同时，更向往那一碗新鲜美味的鸡汤。

课堂实践

了解鲁菜及鸡汤云吞

（1）课前，让学生通过上网、采访家人、到图书馆查找资料等方式搜集有关鲁菜的资料，对鸡汤云吞有个初步的了解。

（2）学生交流资料，并通过思维导图的方式，引导学生把搜集到的资料进行分类，然后归纳成几个小主题：鲁菜的历史，鲁菜的烹饪方式，鲁菜的代表菜式，鲁菜的趣味典故。

（3）分组，学生根据自己的兴趣爱好进行分组，小组内进行交流，并推荐一名学生上台汇报。

（4）各小组派一名代表上台汇报。

劳动准备

（1）引导学生进行分组，并做好劳动前的准备工作。（包括劳动工具、食材，烹饪时用到的围裙、口罩、手套，劳动的分工等。）

①原料准备：主料为鸡腿或鸡架、精猪肉。辅料为云吞皮、一小块姜、适量盐、一个鸡蛋、生粉一勺、适量水、芝麻油少许、小葱两棵、紫菜少许、虾皮。

②工具准备：砧板、菜刀、锅、电磁炉等。

（2）通过观看微课视频的方式，指导学生学习鸡汤云吞的制作方法，明确鸡汤云吞的制作步骤。

制作过程

（1）鸡腿洗净；猪肉剁成肉末。

（2）葱姜切末，切少许葱丝和姜丝，再切2~4片姜备用；拿一些姜丝和葱丝泡开备用。

（3）锅中烧水，放入姜片烧开，焯鸡腿。

（4）焯好后的鸡腿放到另一开水锅中开始炖汤，先大火煮20分钟，再小火炖30 ~ 40分钟即可。

（5）在炖鸡汤的过程中，可以制作云吞馅，将姜末放入肉末中剁成肉糜，然后在肉糜中加入1/3茶匙白胡椒粉，加入1.5 ~ 2茶匙盐（根据个人口味定），搅拌均匀，即可包云吞。

（6）鸡汤炖好后，在碗中放少许盐、虾皮、紫菜、小葱末，加入鸡汤即成云吞的底汤。

（7）云吞煮熟后盛到调好的鸡汤中。

注意事项

（1）将碗中的姜丝和葱丝捞起，一边搅拌肉糜一边分次将姜葱水加入。水要分次少量地加，一定把这次的水搅进肉馅后再加下一次的，这个过程最关键。

（2）在肉糜变得黏稠之前加入一整个鸡蛋继续搅拌，若需要再分次加水，直到肉糜变得黏稠，最后再将2/3的葱末放入肉糜馅中搅拌均匀。

（3）煮云吞时，先大火烧开水，水开后放云吞，煮沸后倒一碗冷水，再次煮沸后再倒一碗冷水，这个步骤重复两次即可。

（4）云吞要即做即吃，否则影响口感。

营养与健康学堂

①鸡汤云吞食材丰富多样，里面的食材维生素含量丰富，同时富含黑色素，具有清除体内有害物质、美容养颜和抗癌的功用。

②鸡汤云吞含有人体不可缺少的多种维生素和蛋白氨基酸等，经常食用可促进人的生理调节能力、提高人体免疫力。

③其汤底由鸡骨熬制而成，具有滋阴补血、健脾固冲的作用。

④鸡汤云吞还是一道高蛋白、低脂肪，富含 DHA 和 AEPA 的健康食品，非常适合儿童、肥胖人士与心脑血管病人食用。

「教学小视频」

过程评价

教师可以根据劳动的要求出示劳动过程的评价表，用评价的方式引导学生关注劳动的要点，有序合作，进行劳动。

美食小达人评价表

评价项目	第 1 组	第 2 组	第 3 组	第 4 组	第 5 组	第 6 组
准备充分						
掌握方法						
安全操作						
美味可口						

教学过程

学生操作，教师巡视

（1）教师在巡视的过程中一定要重点关注学生在劳动时的安全。比如，电磁炉的操作是否得当？能否巧妙借助厨房工具将云吞入锅，以防烫伤？

（2）鼓励学生亲自动手实践，教师可以根据实际情况给予必要的帮助。

（3）实践的过程中，引导学生结合生活经验解决劳动过程中遇到的问题。

评价展示

根据评价表进行评价，采用自评、互评、师评的多元评价方式，既要关注劳动的成果，也要关注劳动的过程。

拓展延伸

1. 教师可以引导学生思考

（1）鲁菜的鸡汤云吞和我们在其他地方吃到的云吞口味有何差异？

（2）你还吃过哪些鲁菜？

（3）你还会做哪些鲁菜？

2. 布置作业

（1）利用周末煮鸡汤云吞，和家人分享。

（2）学习四喜丸子、糖醋里脊等经典鲁菜的制作方法，并尝试动手实践。

课程小·探究

砧板养护方法

①新砧板使用前需用盐浸泡一段时间，以便使砧板使用寿命延长。

②使用砧板时，要四周循环使用，保证其磨损均匀，避免

出现高低不平的状况。

　　③砧板使用后，可先用水冲洗，再用粗盐或洗碗刷擦洗，之后用热水杀菌消毒，竖起放于通风处。

　　④砧板不可暴晒，以避免干裂。也不宜长时间处于风口处，风干后立即收起。

鲁菜教学材料库

四喜丸子

　　鲁菜中的四喜丸子这道菜，是由四个金黄油亮、香味诱人、形态逼真的丸子构成的，它象征福、禄、寿、喜，也正是这个原因，它成了寿宴与喜宴里很常见的一道必备菜品。

　　不仅如此，因为寓意吉祥，在逢年过节时，它也是经常出现在中国人餐桌上的一道菜。肥瘦相间的肉被烹制得金黄油亮，再以青菜佐配，这道菜不仅让人眼前一亮，它鲜香扑鼻的气味也能让人食欲大增，而其醇美的肉丸香味和浓厚的汁液相融，更是让人沉醉于它的美好之中。

四喜丸子的食材

　　主料：五花肉。

　　辅料：葱、姜、玉兰片、干香菇、火腿、荸荠、鸡蛋白（鸡蛋清）。

调料：高汤、香油、酱油、花椒油、鸡精、料酒、盐、食用油、淀粉。

四喜丸子的做法

①把葱花在温水中泡大约10分钟后捞出，留下葱花水备用。

②把干香菇用温水泡发后切丁。

③荸荠、玉兰片、熟火腿肉切丁。

④把猪肉剁成4毫米左右的方丁。

⑤把肉末、姜末与各种丁混合后加入香油，向一个方向拌馅，更容易上劲儿、黏稠，然后倒入葱花水、姜末，搅匀。

⑥加入蛋清，再倒进适量牛肉粉、盐和料酒。将肉馅摔打一会儿后团成肉丸。

⑦油温五六成热，下肉丸炸到表面金黄，用笊篱将丸子捞出来沥油。

⑧砂锅底部铺葱白、姜片，丸子摆上后加入适量高汤、酱油、料酒和盐。

⑨以中火烧制，锅开后转文火炖20分钟后，丸子出锅盛盘。

⑩把砂锅里的原汤过滤掉葱姜，倒在净锅里烧开，加水淀粉勾芡，淋入花椒油后关火，趁热浇在丸子上即可。

小提示

①拌肉馅要朝同一个方向才可以上劲，不能随便转换方向。

②自己剁肉馅才更美味，不要剁太碎，肉粒之间有缝隙汁液更容易被肉丸吸附。

③肉丸放了荸荠更好吃，当然也可以用莲藕替代。

糖醋里脊

糖醋里脊，属于鲁菜中有名的经典菜之一，它的主要食材是猪里脊肉，辅料为面粉、淀粉、醋等，这道菜成品酸甜美味，营养开胃。它在浙菜、鲁菜、川菜等菜系都被有所提及。

相传，在秦朝时期，秦始皇举办厨艺比赛，从全国各处寻找最好的厨子以满足他的胃，令人意外的是，胜出的是一位老太太，她做的菜是他儿子喜欢的一道菜。因为儿子一直在军队，她很久没有见过自己的儿子了，所以想趁这个机会见一下自己的儿子，就做了儿子最喜欢吃的菜，没想到自己能当上御厨。秦始皇非常喜爱她做的糖醋里脊，问老太太想要什么奖励，老太太说只想让儿子能够为她养老送终，秦始皇答应了她，并把她儿子调到她身边一起为他做菜。从那以后，糖醋里脊就一直传承下来了。

糖醋里脊的食材

主料：猪里脊肉 200 克。

辅料：适量油、盐、芝麻、番茄酱、糖、二锅头、白醋、鸡蛋。

糖醋里脊的做法

①里脊清洗干净后切好。

②把二锅头加入蛋清中。

③加入盐，拌匀。

④把腌料放入肉里抓拌均匀腌 15 分钟。

⑤把里脊肉裹上淀粉，拍去多余的淀粉。

⑥锅中倒入油，油热后把裹好的肉放入锅中炸。

⑦沥油，把里脊肉放凉，再炸一次。

⑧把复炸过的里脊肉沥油。

⑨把油、番茄酱、糖、白醋放入锅中炒至糖溶化。

⑩放入肉，撒入芝麻即可享用。

小提示

①里脊肉不要一次放，而且要盛在漏勺里放，以防止粘连。

②待里脊肉速炸定型后再复炸一次，可以让肉丝吃起来外酥里嫩。

③烧制酱汁时稍微煮久一些，酱汁变为深红色才行，否则成品色泽不够鲜亮。

第七章

湘菜烹饪课程
（六年级·上）

教学目标：

劳动观念：了解湘菜的历史、特点、代表菜式和主要的烹饪方式等，建立健康饮食的观念，增强对中国饮食文化的了解，培养热爱生活、热爱劳动的观念。

劳动能力：学习辣椒炒肉的制作方法，积极参与小组合作，在小组中承担一定的工作任务，提高劳动能力与技巧。

劳动习惯和品质：明确制作辣椒炒肉需要准备的原料和制作方法，在食品加工过程中能注意安全和卫生，有能力解决在劳动过程中遇到的问题，培养吃苦耐劳的品质。

劳动精神：通过参与劳动，能够完成辣椒炒肉的烹饪制作，并尝试学习其他湘菜菜式的制作。在和家人分享的过程中，领会"劳动创造生活，劳动创造幸福"的意义。

教学重点：了解湘菜特点，掌握辣椒炒肉等的制作方法。

教学难点：掌握辣椒炒肉需要准备的原料和制作方法，在食品加工过程中能注意安全和卫生，有能力解决在劳动过程中遇到的问题。

安全小贴士：考虑到不能吃辣的人，要注意少放辣椒，以免引起肠胃的不适。

课时建议：6课时。

学科融合：湘菜知识综合探究

湘菜历史小课堂

湘菜就是湖南菜，它在我国的发展历史比较久远，是我国八大经典菜系中的一种，远在汉代，湘菜就已经能自成一体。湘菜由湘江沿岸、洞庭湖一带、湘西一带等三个地方的风味构成。它烹制手法精良，食材丰富，菜品和口味繁多。在烹饪方式上重油重色，追求实惠；味觉上追求香、辣、鲜嫩，擅长煨、炖、腊、蒸、炒等烹饪技法。

从大量出土的文物来看，潇湘先民早在新石器时期就掌握了做熟食的技巧。在久远的春秋战国，潇湘之地的人们的日常饮食中就出现了烧、烤、焖、煮、蒸、炖、烹、卤等多种烹饪方法，烹饪手法已经非常纯熟，并且有了咸、辣、甜、酸、苦等调味手法。到了秦汉，湖南的餐饮风格已经慢慢变成从用料、烹饪方式，到整体习惯都非常完善的体系，湘菜食材丰富，烹饪技艺多变，味道鲜美的特色一直是众所周知的。湘菜还开创了煎、炙、蒸、熬、腊、炮等多种烹饪技巧，烹制所用调料包括盐酱、曲豉、糖蜜、花椒、桂皮等。湖南因其物产富饶，一向被誉为"鱼米之乡"， 自唐宋之后，特别在明清时期，湘菜的发展更趋于完美，渐渐在八大菜系中出类拔萃，风格明显。

湘菜与湖南地理特点的关系

湘菜跻身于我国的八大菜系，很大一部分原因是因为湖南所处的良好的先天地理环境和拥有适宜的气温气候条件等。

湖南位于长江一带，所辖的区域多半位于洞庭湖南面，所以才得名湖南。这里是中亚热带气候区，天气温暖，四季分明，土壤肥沃，降水量适宜。在湖南的辖区里，东、西、南三个方位群山环绕；中部遍布丘壑，层峦叠嶂，逶迤壮观；北面是河、泊、平原，在我国淡水湖中排名第二的洞庭湖就位于该地区，在湖南境内，大约有五千条河流最后都汇入了该湖。

地理位置的先天优越性，让湖南境内的物产特别富饶，这里山珍野味应有尽有，各类水产品和珍禽品种多样，在平原一带，水稻及各种蔬果数不胜数，在交织纵横的大塘小渠里，种植着很多湖南特有的莲藕。总之，湖南的物产之丰富，绝对是令人叹为观止的。这里物产的丰饶，又极大地推动了湖南农业和畜牧业的发展，这里不仅是我国水稻文明的起始地之一，其养殖和畜牧业的发展同样历史久远，且领先于其他地区。以上的地理优势，为湘菜的发展壮大打下了坚实的基础。同时，由于地理条件，这里气候温和湿润，所以湖南菜的口味侧重于酸辣，以便于祛除湿气，静气提神。

湘菜趣味典故

腊味合蒸

腊味合蒸这道菜的主要食材是鸡、鱼、猪、牛等肉类，只要把这些原料中的三种腊味放在一起蒸熟就行了。这道菜色泽透

亮、香浓厚味、咸甜适宜、略微带汁，而且各种味道混合在一起相得益彰，是米饭的绝佳搭配品。据说，这道菜品出自一个叫花子之手。

很久以前，一位曾在湖南某个小镇上开饭馆的刘七，因欠债被追而逃亡到外地，最后沦落到沿街乞讨，一天，有个人拿了点自己腌的鸡肉鱼肉送给他，此时，天已经快黑了，于是，他就把所有的腌肉放在一起蒸了。不料，菜做好以后香气扑鼻，一个有钱人家的人被菜的香味吸引了过来，他尝了这个菜以后连连夸赞，把刘七带回自家饭馆做大厨，并给这道菜命名为"腊味合蒸"。自此以后，这道菜就被当做湘菜里的著名菜品流传了下来。

浏阳蒸菜

作为湖南的一道经典汉族名吃，浏阳蒸菜的发展历史相当悠久，据说，明朝初年，各地战乱不断，老百姓为躲避战乱和避免被抓壮丁，往往会提早备下够吃一天的食物，并且尽量在晚间吃饭。他们在做饭时，会把那些菜放到碗里和饭一同煮，在饭做好的同时菜也可以食用了，这样一来，做饭不仅简单了很多，同时又尽可能少出现烟火的痕迹，有利于躲藏，减少了被发现的概率。那个时候，人们的食物主要是腊制品、干菜等易存储且食用便捷的食品，后来这一饮食习惯得到了迅速的发展，一直流传至今，并成为了一种当地非常经典的特色菜品。

湘菜味道及品类

　　湘菜一向注重食材的利用、味道的互补。尤其是使用泡菜做辅料，再搭配辣椒，这样制作而成的菜品，不仅爽口，还能使人胃口大开，非常受欢迎，是湖南一带饮食习惯的独特之处。同时湖南人在爆炒方面也独树一帜。

　　从整个菜系来看，辣、腊两味是湘菜的共有特色。一向以辣味闻名的朝天椒，遍布湖南各地，而这么大的种植范围，为湘菜制作辣菜提供了丰富的食材。腊肉在我国已经出现了两千多年，历史非常久远。湘菜中的官府经典菜的代表为组庵湘菜，主要菜式有组庵豆腐、组庵鱼翅等；民间菜经典菜式有辣椒炒肉、剁椒鱼头、湘西外婆菜、牛肉粉、衡阳鱼粉、东安鸡、金鱼戏莲、永州血鸭、腊味合蒸等。

教学建议

　　教师可引导学生讨论交流，综合学习后的心得，并根据学生自己了解的有关湘菜的知识，分组总结对湘菜的认识。可围绕以下问题展开讨论：

①你对湘菜的发展历史了解多少？

②你知道的湘菜的主要烹饪方式有哪些？

③你知道的湘菜的最具代表性的菜品有哪些？

④你最喜欢的湘菜是什么？

⑤你在家里是否尝试过做湘菜？

……

湘菜烹饪方法

　　湘菜历史底蕴深厚，在其烹饪技艺中，冷菜、热菜、甜品等制作手法从几种到几十种不等。与其他菜系相比，湘菜在煨的技艺上遥遥领先，乃至达到了登峰造极的层面。在煨制方法上，从菜品色泽上区分有红、白煨之说，从味道上可分为奶汤、清汤与浓汤几类。精细的制作方法，最大限度地维持了菜品的本真。这些菜肴或香味醇厚，或汁鲜味美，或酥软鲜香，或营养滋补，在湘菜里都是各具特色的名品。

湘式经典菜教学课堂：辣椒炒肉

菜品介绍

　　辣椒炒肉是以辣椒、五花肉作为主要食材，辅以豆豉、大蒜、酱油、食用油、味精、食盐等来烹饪的菜品。此菜口味香辣，是湖南人每家每户必吃的招牌"土菜"，也是最具代表性的湘菜之一。它制作方法简便，味道鲜美，富含营养成分，能提供人体必需的蛋白质、矿物质和维生素。

课堂实践

1. 了解湘菜及辣椒炒肉

（1）学生通过上网、采访家人、联系生活等方式搜集辣椒炒肉的资料，对辣椒炒肉进行初步的了解。

（2）引导学生交流搜集到的资料，并进行分类，可以从湘菜的历史，湘菜的烹饪方式，湘菜的代表菜式，湘菜的趣味典故等方面进行交流。

（3）进行知识抢答，加深对湘菜的认识。

（4）与他人分享湘菜的相关知识。

2. 劳动准备

（1）引导学生进行分组。（教师可根据具体情况在学生自由组队的基础上进行适当调整。）

（2）通过观看微课视频的方式，指导学生学习辣椒炒肉的制作方法，明确辣椒炒肉的制作步骤。

（3）指导学生做好劳动前的分工和准备工作。（包括前期的材料准备、制作时的分工合作和后期的清洁打扫等。）

①原料准备：主料为辣椒、猪里脊肉。辅料为姜、干淀粉、老抽、生抽、水淀粉、清水、盐、糖、料酒、蒜。

②工具准备：砧板、刀、炒锅、碗筷、电磁炉等。

（4）强调在食品加工过程中要注意安全和卫生。

制作过程

（1）将青椒清洗干净，去除内瓤，横着切开后，再切丝。

（2）把肉按着纹理切细丝，然后加入一些生抽、干淀粉腌一小会儿。

（3）锅中加少许食用油，待油温升高，把青椒丝倒入锅中炒至微软盛出备用。再次起锅倒少许油，把姜蒜片加入炒出香味。

（4）把肉丝倒入锅中迅速翻炒（火要大，动作要快，以保证肉的鲜嫩）。

（5）肉丝炒到约八成熟时，加入炒过的青椒丝一同炒匀。

（6）加入盐与糖炒匀，用水淀粉制作薄芡，翻炒后出锅。

注意事项

（1）食材宜用纯瘦肉和鲜嫩的辣椒。

（2）肉一定要先腌制，炒青椒时要先放盐。

（3）青椒刚熟为好。肉要快速翻炒好，否则影响菜的品质。

（4）勾芡干稀适度。

营养与健康学堂

猪肉富含蛋白质、碳水化合物、脂肪和其他微量元素，能够补气健体、温润化燥。辣椒中含有大量的维生素C和其他营养成分，与肉类的高蛋白相结合，能让制作的菜肴味道可口又极具营养。

教学小视频

过程评价

教师可以根据劳动的要求出示劳动过程的评价表，用评价的方式引导学生关注劳动的要点，有效合作，进行劳动。

美食小达人评价表

评价项目	第1组	第2组	第3组	第4组	第5组	第6组
准备充分						
掌握方法						
安全操作						
美味可口						

教学过程

学生操作，教师巡视

（1）学生分小组进行烹饪劳动，教师在巡视的过程中一定要重点关注学生在劳动时的安全，比如，干燥的手才可以开关电磁炉；用刀切肉的安全；在制作的过程时要以防被溅出的热油烫伤……

（2）鼓励学生亲自动手实践，教师可以根据实际情况给予必要的指导和帮助。

（3）实践的过程中，引导学生结合生活经验解决劳动过程中遇到的问题。

展示评价

根据评价表进行自评、他评、师评等评价，既要关注劳动的成果，也要关注劳动的过程。

拓展延伸

1. 教师引导学生思考

（1）你知道或品尝过哪些湘菜？

（2）你还会做哪些湘菜菜式？

2. 布置作业

（1）将湘菜的相关知识与家人分享，为家人制作辣椒炒肉。

（2）可以学习剁椒鱼头、湘西外婆菜等经典湘菜的制作方法并尝试动手实践。

课程小·探究

辣椒知识知多少？

辣椒质地脆嫩，皮薄肉厚，富含维生素C。无论青果、红熟果都深受人们的喜爱，可用来炒菜、凉拌、制作汤品馅料、做腌菜和制作小食品等。

同时，辣椒性热、味辛；有理气祛寒，健脾养身的功能；它对受寒腹痛，反胃，泻痢，冻疮，脾虚胃寒，感冒等均有缓解作用。

①镇痛解热：辣椒属热性，可以让人发汗，以缓解体温升高症状，同时能改善并缓解肌肉酸痛现象，具有一些镇痛解热的作用；

②防癌：辣椒里所含的辣椒素，可以抗氧化，减缓一些人体细胞的代谢过程，以阻止癌细胞的裂变，减小癌症发生的概率；

③开胃助消化：辣椒的刺激性较强的辣味能促进胃液与唾液

的分泌，让人胃口大开，同时能加快胃肠蠕动，加速消化进程；

④有效降脂：辣椒里含有的辣椒素，可以加速脂肪代谢，避免脂肪在人体里堆积，起到减肥降脂的效果。

湘菜教学材料库

剁椒鱼头

剁椒鱼头这道菜属于湘潭菜，是湘菜里一道非常有名的菜品。这道菜把鱼头的"鲜"与剁辣椒的"辣"相融合，味道鲜辣爽口、肉质嫩滑，风味独特，深受欢迎。尤其与众不同的是，这道菜是用茶油烹制的。

剁椒鱼头咸鲜味辣，剁椒的火、辣、红，鱼头肉的白、嫩、鲜，袅袅升起的清香气，无不让人垂涎欲滴。说起剁椒鱼头制作最为出名，风味最为独特的地方，不能不提湖南的湘潭，这道菜在湘潭大地上的大小饭店酒楼都能品尝得到。

据说，这道菜的出处和清朝的文士黄宗宪颇有渊源，在雍正时期，为了逃避牢狱之灾，黄宗宪流亡到了湖南，在一个小村里的一户穷苦人家里借宿。这家人没钱买菜，刚好这户人家的儿子在晚饭前捉了一条鱼回来。这家的女主人就用鱼煮汤，再把辣椒剁碎，和鱼头一起蒸煮。黄宗宪品尝后，顿觉味道特别鲜美，从那以后就喜欢上了吃鱼头。流亡结束后，他吩咐家中的厨师对这道菜进行了改良，也就有了流传至今的经典湘菜剁椒鱼头。

剁椒鱼头的食材

主料：鱼头1个。

辅料：香葱1根、姜3片。

调料：剁椒、盐、料酒、植物油、香油适量。

剁椒鱼头的做法

①清洗鱼头，从鱼头下部起，切成均匀的两半，注意鱼皮不要切断，吸干鱼头上面的水分；在内外面均匀涂上盐和料酒。

②在鱼头上放姜片、葱段腌大约10分钟，锅中倒油，油温上升后倒进姜片、葱段，炒出香味将葱姜滤出，油备用；把滤出的姜片、葱段平放在盘中。

③把处理好的鱼头鱼皮向上放在盘子里，把剁椒均匀铺在上面，然后把食材放在上了蒸汽的锅里大火蒸大约10分钟；接着将鱼头出锅，滤掉盘子里的水，把葱油烧热后迅速淋在鱼头上。

④再淋上少许香油；最后撒上葱花即可。

湘西外婆菜

作为湘西的一道名菜，外婆菜非常美味，受到了很多人的喜爱。这道菜是湘西一带非常普通的家常菜，食材多为当地的多种蔬菜，如萝卜、马齿苋、大青菜等，配以肉末。这道菜的制作方法是：先把蔬菜清洗干净，接着通过当地民间流传下来的传统制作方式，把这些蔬菜晒干后放入菜坛腌制成的天然 绿色菜品。

据说，这道菜还和一个感人的传说有关：很久以前，在湘西这个地方，每当有人家要嫁女儿的时候，家中都会给这个女孩准备一道与家里人离别的菜。因为一般女儿出嫁了，今后都难以回到娘家探望，所以在这道满含各种复杂情感的菜品里，也就涵盖了各种各样的味道，如酸、甜、辣、咸等。女儿品尝到菜里的味道后，也就自此走上了体验自己充满百味的人生路途，妈妈也就以此作为对女儿的祝福了。由于包含了妈妈对女儿的一片深情，这道菜也被人们一代一代留传下来。

湘西外婆菜的食材

材料：牛肉 300 克、芹菜 100 克、青红椒 50 克。

调料：食用油 5 克、盐 2 克、胡椒粉 1 克、鸡精 1 克、香油适量、生抽 1 克。

湘西外婆菜的做法

①牛肉切小粒腌好。

②芹菜、青红椒切小粒。

③油温升高后倒进牛肉炒大约 3 分钟盛出备用。

④葱姜炒出香味，倒进芹菜、辣椒炒大约 2 分钟。

⑤锅中倒进牛肉，加适量胡椒粉、生抽、盐、鸡精炒匀。

⑥最后放入香油，即可搭配主食食用。

第八章

川菜烹饪课程

（六年级·下）

教学目标：

劳动观念：了解川菜的历史、特点、代表菜式和主要的烹饪方式等，建立健康饮食的观念，增强对中国饮食文化的了解，培养热爱生活、热爱劳动的观念。

劳动能力：学习宫保鸡丁的制作方法，积极参与小组合作，在小组中承担一定的工作任务，提高劳动能力与技巧。

劳动习惯和品质：明确制作宫保鸡丁需要准备的原料和制作方法，在食品加工过程中能注意安全和卫生，有能力解决在劳动过程中遇到的问题，培养吃苦耐劳的品质。

劳动精神：通过参与劳动，能够完成宫保鸡丁的烹饪制作，并尝试学习其他川菜菜式的制作。在和家人分享的过程中，领会"劳动创造生活，劳动创造幸福"的意义。

教学重点：了解川菜特点，掌握宫保鸡丁的制作方法。

教学难点：掌握宫保鸡丁需要准备的原料和制作方法，在食品加工过程中能注意安全和卫生，有能力解决在劳动过程中遇到的问题。

安全小贴士：做这道菜要讲究刀功，所以在切菜的时候要注意用刀的安全。

课时建议：6课时。

学科融合：川菜知识综合探究

川菜历史小课堂

川菜的历史可追溯至春秋战国时代的蜀地，其初具雏形于秦汉，而古典川菜在汉末晋初已初显规模，并以"尚滋味""好辛香（花椒以及蜀姜）"为特色。

到了唐宋，古典川菜得以发展创新，走出了四川。川味菜馆在都城开封、临安及一些大的城市分布极为广泛，因为其"物无定味，适口者珍"的菜式特征，得到了绝大多数美食爱好者的好评，在两宋，川菜逐渐从其他菜品中独立出来，自成一系。蜀地一向就有"尚滋味"的传统，而且四川一带的物产也相当富饶，因此川菜的发展壮大也有赖于原料充足，川菜厨师特别擅长运用蜀地丰富的蜀姜、花椒等佐料烹制菜肴。远在汉朝，川菜就由于"好辛香"而闻名中外，这里辣味来自花椒、蜀姜，而非辣椒。

说起来，现在四川人吃饭的口味，其实和唐宋时期已相去甚远。虽然川菜的历史源远流长，据说已经有两千年有余，可是假如缺少了明清两朝由南美引进的辣椒，川菜想有现在的发展现状就很难了，也正是这个原因，如今的川菜与过去联系也不是十分紧密，要知道明清时川菜里还没有使用辣椒。川菜之后进一步发展壮大，到了民国，川菜终于达到了"一菜一格，百菜百味"的境界，并位列我国八大菜系之一。

川菜与四川地理特点的关系

蜀地的人们大都喜欢吃辣，他们爱吃辣的习惯，很大一部分原因和当地所处的地理环境有关。我国东部沿海一带，东北地区湿润多雨，尤其在春天寒冷阴湿。但四川虽地处西南，可是却属于盆地，气候多雾而且潮湿，在一年中阳光稀少，所以才有"蜀犬吠日"的说法。这种天气条件，会让人体表的湿度和空气湿度的饱和度十分接近，从而人体的汗液不易排出，这会让人觉得烦躁不安，并且人如果长时间处于这样的空气状态中，就会非常容易脾胃虚弱、得风湿病等。而人吃了辣椒，身体很容易出汗，一直吃辣就能养脾胃，祛湿寒，这对当地人的身体健康非常有利。

据说，在四川北部，有一种本身不能直接吃的辣椒，这种辣椒在汤做好后，用一根线吊着在汤里涮几下就奇辣无比，所以这种辣椒也被大家称为"涮涮辣"。川菜里的"麻辣烫"在全国都很出名，因此，在川菜的名菜里，不辣的几乎没有，川菜不辣，好像也就出不了名。现在，大家称呼蜀地女子时，除了"川妹子"，还有"辣妹子"，理由大概也是爱吃辣吧。

川菜趣味典故

回锅肉

川菜里的经典菜式回锅肉，又名为熬

锅肉。据传，它以前是蜀地人在初一、十五犒劳自己常做的菜品。那时的制作方式大都是先煮熟后再用大火炒。

在清朝末年，成都有位凌翰林，因无心官场，就归隐在家专心钻研美食。他改良了回锅肉的烹饪方法，把以前先煮后炒，变化为先给猪肉除腥，再用器具密封隔水蒸熟，然后炒制成菜。由于此菜是蒸熟的，就避免了营养物质的大量流失，让肉维持了其原味，菜品不失本味，质优味浓，颜色亮丽。从此以后，这道菜就在当地名噪一时，并得到广泛的流传。

夫妻肺片

据传，从前在成都少城一带，有一个叫郭朝华的男子，他靠着和妻子一同制作凉拌牛肺片售卖维持生计，菜做好后，他们就会用篮子提着沿街叫卖。因为他们制作肺片的方法精细，菜品味道特别，大家都很喜欢。为了把他们的肺片与别人制作的区分开来，大家就把他们的菜叫做"夫妻肺片"。后来这对夫妻开店经营，更加注重制作方法和食材选择，并且从只卖肺，发展为兼卖牛肉、牛头皮、牛心、牛肚等，销量和质量也越来越好。为了保证这道菜的风味特色，这道菜的名字直到今天仍在使用。

川菜味道及品类

作为我国的著名菜系之一，川菜是最大的民间菜系，被称作"百姓菜"，同时也是一种最具特色的菜系。川菜的口味相当丰富，号称百菜百味。它起源于四川地区，以麻、辣、鲜、香为特色，在各种味道里，最有名的就是鱼香、麻辣、椒麻、怪味、酸辣等。川菜的菜式多种多样，从高级宴会到便餐、民间风味等应有尽有，且技艺精良、菜式别致。川菜的制作注重食材丰富、味足味美。

川菜的食材大多非常易得，除非宴客，否则很少使用山珍海味。川菜的烹饪精于干煸、干烧、小炒和烩等。且以"味"著称，味道较多，善于转换，较著名的味道有鱼香、麻辣、怪味、红油等。川菜的特点清新质朴，乡野气息浓郁。川菜的经典菜品有：四川火锅、回锅肉、水煮鱼、麻婆豆腐、鱼香肉丝、水煮肉片、辣子鸡、酸菜鱼等。

教学建议

教师可引导学生讨论交流，综合学习后的心得，并根据学生自己了解的有关川菜的知识，分组总结对川菜的认识。可围绕以下问题展开讨论：

①你对川菜的发展历史了解多少？

②你知道的川菜的主要烹饪方式有哪些？

③你知道的川菜的最具代表性的菜品有哪些？

④你最喜欢的川菜是什么？

⑤你在家里是否尝试过做川菜？

……

川菜烹饪方法

　　川菜擅长炒、滑、熘、爆、煸、炸、煮、煨等。特别是在干煸、干烧、煎炒方面经验独到。川菜还特别注重烹饪方法、烹饪技巧与操作步骤。

　　川菜在制作方式上有四个特征：①选料精细；②刀功纯熟；③搭配科学；④制作用心。尤其在"炒"的方面匠心独具。川菜的许多菜品都要用到"小炒"的手法，这种烹饪方式要求时短，火急，少汁，口感鲜嫩，符合卫生与健康的需要。制作菜品看起来很容易，其实蕴含着很高的技术性、科学性和艺术性，彰显了广大劳动人民的创新能力和聪慧。

川式经典菜教学课堂：宫保鸡丁

菜品介绍

　　宫保鸡丁是川菜中汉族传统的经典名菜，也是一道闻名中外的特色传统名菜。其创始者为四川地区居民，可是这道菜和鲁菜里的酱爆鸡丁，以及贵州菜里的胡辣子鸡丁都有关联。后来这道菜又被清代的四川总督丁宝桢进行了改进，成了一道宫保鸡丁的新菜品，并且流传甚广。再后来这道菜还成了宫廷菜，并享誉海内外。宫保鸡丁以鸡肉为主要食材，配料为黄瓜、花生米、辣椒等，烹制好的成品味美鲜辣、肉质爽滑，滋味浓郁。

课堂实践

1. 了解川菜及宫保鸡丁

（1）学生通过上网、采访家人、联系生活等方式搜集川菜的资料，对宫保鸡丁进行初步的了解。

（2）引导学生交流搜集到的资料，并进行分类，可以从川菜的历史，川菜的烹饪方式，川菜的代表菜式，川菜的趣味典故等方面进行交流。

（3）进行知识抢答，加深对川菜的认识。

（4）与他人分享川菜的相关知识。

2. 劳动准备

（1）引导学生进行分组。（教师可根据具体情况在学生自由组队的基础上进行适当调整。）

（2）通过观看微课视频的方式，指导学生学习宫保鸡丁的制作方法，明确宫保鸡丁的制作步骤。

（3）指导学生做好劳动前的分工和准备工作。（包括前期的材料准备、制作时的分工合作和后期的清洁打扫等。）

①原料准备：

主料：适量鸡脯肉、花生米。

辅料：适量葱、姜。

调料：适量干辣椒、花椒、色拉油、食盐、料酒、味精、酱油、白糖、醋、水淀粉，鸡蛋一个。

②工具准备：砧板、刀、炒锅、电磁炉、碗筷等。

（4）强调在食品加工过程中要注意安全和卫生。

制作过程

（1）鸡腿去掉皮骨，清洗干净，用刀背把鸡肉敲松，然后切成小丁，姜、蒜切片，葱白切小段。

（2）把少许黄酒、盐加入肉丁里，磕入鸡蛋，抓至黏稠，然后加适量干淀粉拌匀。

（3）把糖、米醋、料酒、生抽、盐搅拌均匀，加入适量水、葱、姜、蒜，制作好料汁。

（4）锅里倒油，油温七成热时，把处理好的鸡丁放入锅中翻炒，等到鸡肉发白出锅。

（5）锅中留一点油，把花椒、干辣椒放进去以中小火炸香，把泡在料汁中的葱姜蒜取出炒大约 10 秒，然后继续以大火翻炒鸡肉 30 秒左右，接着锅中加入料汁，待菜色泽明亮后放进入辣椒油，最后把花生米倒进去就可以了。

注意事项

（1）鸡脯肉难以入味，而且炒后易于变柴，所以在挂浆前需要将鸡肉用刀背拍几下，鸡肉里放入蛋液，肉质会特别嫩滑。

（2）这道菜的食材一定要用干辣椒和油酥花生米，辣椒要爆香，可以闻到煳辣味。

（3）这道菜需要急火快炒，需要提前把料汁调好，否则，时间延长鸡丁的口感就会发柴发硬。

（4）料汁里糖和醋的比例是 1：2，醋要用米醋。

（5）花生米尽量后放，否则会不脆，也可以用买的麻辣花生。

（6）要想使花生容易去皮，就要拿开水来泡，花生冷油炒制不容易炒焦，用中火炒焦黄后即可盛出备用。

营养与健康学堂

宫保鸡丁这道菜里含有大量的蛋白质、维生素、碳水化合物和微量元素，能够温胃健脾、理气温中、强筋健骨、滋养五内。因此这道菜具有很好的滋补身体、促进肠胃功能、增强人体抗病力的功效。

其中的鸡胸肉肉质细嫩，滋味鲜美，富含蛋白质，而且营养成分非常容易被人体吸收，鸡胸肉里包含的磷脂，能有效促进人体的生长发育。而且它的脂肪含量很低，蛋白质含量适中，非常适合减肥人士食用。

花生所富含的营养，和鸡肉类、蛋类、奶类等不相上下，此外，还富含很多人体所需的氨基酸，尤其是其中所含的精氨酸，远超于别的坚果，说它是"长生果"，简直名副其实。

辣椒里富含维生素C，此外，胡萝卜素、钙、铁、维生素B等含量也很高。它还可以舒缓腹冷胸痛，防治痢疾，有助于杀死人体寄生虫；滋养心肺，防止动脉硬化；促进胃肠蠕动与唾液分泌，帮助消化，健脾开胃；等等。

「教学小视频」

过程评价

　　教师可以根据劳动的要求出示劳动过程的评价表，用评价的方式引导学生关注劳动的要点，有效合作，进行劳动。

美食小达人评价表

评价项目	第1组	第2组	第3组	第4组	第5组	第6组
准备充分						
掌握方法						
安全操作						
美味可口						

教学过程

　　学生操作，教师巡视

　　（1）学生分小组进行烹饪劳动，教师在巡视的过程中一定要重点关注学生在劳动时的安全，比如，干燥的手才可以开关电磁炉；用刀切肉的安全；在制作的过程时要以防被溅出的热油烫伤……

　　（2）鼓励学生亲自动手实践，教师可以根据实际情况给予必要的帮助。

　　（3）实践的过程中，引导学生结合生活经验解决劳动过程中遇到的问题。

展示评价

根据评价表进行自评、他评、师评等评价，既要关注劳动的成果，也要关注劳动的过程。

拓展延伸

1. 教师可以引导学生思考

（1）你还知道或品尝过哪些川菜？

（2）你还会做哪些川菜菜式？

2. 布置作业

（1）将川菜的相关知识与家人分享，为家人制作宫保鸡丁。

（2）可以学习回锅肉、麻婆豆腐等经典川菜的制作方法并尝试动手实践。

（3）以美食小主播的形式把自己制作川菜的过程拍摄下来，并尝试推送出去，弘扬中国美食，让更多的人了解川菜。

课程·小·探究

微波炉使用注意事项

①不能使用一般的塑料容器加热。用微波炉加热食物，要用专门器皿盛放，原因有两个：第一，塑料容器遇热易变形；

第二，一般塑料加热会释放有害物，这样加热食物将对人的健康不利。

②不可用金属类的物品。因为铁、铝、搪瓷等在微波炉里加热时，会和微波炉发出电火花，而且会反射微波，不仅会损伤电磁炉，还会让食物不能被彻底加热。

③不能用密封的容器。在用微波炉热液体食物时，盛放食物的容器不能密封，因为在加热过程中生发的热量，如果不能及时散发，容器里的压力就会不断升高，极易发生爆炸。就算我们要加热带壳的食物，也要提前将其外壳弄破，以预防食物加热后产生爆裂溅脏炉子或烫伤人。

④不要加热超时。在微波炉解冻或加热的食物，假如放在炉里多于 2 小时，就不能再食用了，要防止食物中毒。

⑤不能把加热到半熟的肉类继续用微波炉加热。因为半熟食品里会滋生细菌，如果用微波炉再次加热，因为用时短，很难消除所有细菌。冻肉可以先用微波炉解冻，接着继续加热烹调煮熟。

川菜教学材料库

回锅肉

在传统的川菜菜品里，永远有回锅肉的一席之地，它是川菜中家常菜的经典菜品之一，其食材是猪臀肉、葱、姜、蒜苗、青红椒等，这道菜口味特别，颜色亮丽，软烂入味。在 2018 年正式发布的"中国菜"名单里，这道菜赫然在列，被命名为"四川十大经典名菜"。

回锅肉出自古蜀地的农村。先前，这道菜被叫作"油爆锅"，当地的绝大多数农村家庭都会烹制这道菜。这道菜名里的"回锅"，意为第二次烹制。在川菜里，这道菜的受重视程度是显而易见的，它一向被誉为川菜里的冠军，川菜的代表，一说起川菜，人们首先会想起它。

回锅肉是一道非常下饭的菜，它味形俱佳，深受很多人青睐。这道菜食材因人而异，蒜苗、洋葱、彩椒、韭菜等都可以成为这道菜的食材，既然是家常菜，就表明其食材是简单易得的，所以，每一户人家都可以按照个人的喜好做出各种不同味道的回锅肉，回锅肉因为这一个明显的特征，也就拥有了其他菜品所不具备的过人之处。

据说，回锅肉最早出现在清朝末年，是一个凌姓翰林无意间烹制而成的。但是事实并不是这样的，回锅肉的起源大概在北宋年间，可究竟在什么时候，是什么人最先制作成功的，什么时候开始风靡一时的，已经没有办法找到确切的证据。这道菜在先前被叫做"油爆肉"，口味倾向于咸鲜，发展到明清两代，因为引入辣椒，回锅肉的形态大致被固定了下来。清朝末年，人们开始制作豆瓣酱，这使得回锅肉的味道和质量有了很大程度的提升，也让它慢慢成了川菜里最经典的一道名菜。

回锅肉的食材

　　　主料：五花肉。

辅料：青蒜、葱、姜、蒜、干红辣椒、花椒。

调料：豆瓣酱、糖、油。

回锅肉的做法

①锅内加入冷水，放入带皮五花肉、花椒、葱、姜、黄酒煮沸。

②把肉煮到八成熟，撇掉浮沫，出锅晾凉。

③将肉切成薄片，姜、蒜切片，葱切成斜段。

④先拿刀把蒜苗杆拍一下，接着切斜段备用。

⑤炒锅加油，把辣椒、花椒放入煸香。

⑥放入肉片接着翻炒，肉片变色透亮，边沿略卷即可。

⑦把肉铲在锅的一侧，锅中加豆瓣酱煸出红油。

⑧适当加入少许酱油或甜面酱调色，与肉片一起翻炒均匀。

⑨加入蒜叶，适量料酒、糖拌匀，菜品制作完成。

小提示

①食材要精细：最好用新鲜猪肉，肥瘦、宽窄适宜，因为肥了太腻，瘦了则焦，而宽窄不当则不容易成型。

②煮肉需入味：肉用白水煮，肉香不容易显现，所以，在煮猪肉时，水沸腾后首先加生姜、葱、蒜、花椒熬煮，待到香味出来后再把猪肉放进去，注意肉不能煮太久，六成熟即可出锅。

③切肉有诀窍：肉凉了再切，肥肉和瘦肉容易分家，刚出锅切则太烫，影响肉块的均匀，所以，我们要把刚出锅的肉放

在冷水里过一下，在肉块外冷内热时切割。当然，有条件的话还可以把刚出锅的肉急冻大概两三分钟，就会更容易切块了。

④配料讲究：做回锅肉时，必需使用地道的郫县豆瓣酱，酱油要用浓稠的，可以挂壁的。

⑤火候把控精准：制作回锅肉最重要的步骤就是火候的把握。在混炒豆瓣时，就能让它独特的味道和色彩融进肉块里，把肉片制作成卷窝状，又被人们叫做"灯盏窝"。在肉片变为窝形时，马上加进适量甜面酱、酱油、料酒和鸡精，接着放入辅料大火翻炒均匀即可。

麻婆豆腐

据说，麻婆豆腐是清朝同治初年，一个在成都北面万福桥附近开饭店的老板娘陈刘氏最早烹制出来的，由于这个老板娘脸上长了麻子，常被人叫做陈麻婆，所以由她创发的这道菜就被人们取名"陈麻婆豆腐"。

陈麻婆的后代对这道菜不断进行创新改良，所以陈麻婆川菜馆虽然已经历经了一百多年的历史，仍然声名远扬，收获了众多国内外美食爱好者的赞扬。而这道菜也成了川菜里极具代表性的一道著名菜。顾名思义，麻婆豆腐的主要食材就是豆腐，辅料有辣椒、花椒，以及牛肉、猪肉或其他肉末等。这道菜中有花椒的麻，辣椒的辣，彰显了川菜"麻"与"辣"的特色。

　　在从前，制作麻婆豆腐一般会用到黄牛肉和菜油。制作方法是：先把适量菜油烧熟，接着锅中加入适量辣椒末，随后牛肉入锅，烧至肉酥烂后锅中加入豆豉。最后才是豆腐入锅，锅中加入少许水搅拌几下，盖上锅盖后以小火收汁，上桌时佐以花椒末。但是现在厨师在烹制麻婆豆腐时，以花生油代替了菜油，而肉类也不局限于一种。肉入锅炒熟，锅内放进豆豉、豆瓣酱、辣椒粉、酱油、盐、糖炒香，然后锅里放高汤、豆腐煮沸，接着将葱姜蒜入锅，然后勾芡，豆腐盛出后洒上麻油、花椒粉。配料和制作工序较此前略有改变，但菜品的口味仍然突出了麻、辣两种味道。

麻婆豆腐的食材

> 主料：牛肉臊子 100 克，豆腐 1 块。
>
> 辅料：蒜苗、大蒜、姜、淀粉适量。
>
> 调料：辣椒粉、川花椒、郫县豆瓣酱、花生油、盐、老抽。

麻婆豆腐的做法

> ①准备豆腐一块。
>
> ②把豆腐切成小块备用。
>
> ③把牛肉或猪肉剁成馅。
>
> ④将蒜苗切成大约 1 厘米长的小段备用。
>
> ⑤取适量辣椒粉、花椒粉备用。
>
> ⑥把蒜、姜切粒，取适量郫县豆瓣酱备用。

⑦锅中加水，加入适量盐，放入豆腐块汆一下。

⑧锅内放油，油热后加老姜、蒜、豆瓣酱爆香，接着把牛肉馅倒进锅中炒香。

⑨锅中加水，加辣椒粉，将豆腐块入锅煮开。

⑩锅中放入一部分蒜苗炒香，一部分用于最后装盘。

⑪用水、淀粉、老抽勾芡，起锅前撒上花椒粉。

⑫菜品出锅时，放上备用蒜苗点缀即可。

小提示

①豆腐用加了盐的沸水焯烫，能去掉豆腐的涩味，让豆腐维持其爽滑的口感且易定型。

②豆瓣酱里的豆瓣最好能先切细。

③肉末在炒制前，要用料酒、盐腌一会儿去腥。

④花椒要爆香碾碎，趁热撒入，更能增加其香麻的味道。

⑤要想豆腐鲜嫩定型，最好以南豆腐为食材。

⑥放入花椒的时间要恰好，不能操之过急，否则香麻味会不太突出。

小学新劳动教育课程资源丛书

Xiao Xue Xin Lao Dong Jiao Yu Ke Cheng Zi Yuan Cong Shu

从原生态到智能化的种植劳动实践

林的萍·主编

新华出版社

图书在版编目（CIP）数据

小学新劳动教育课程资源 . 从原生态到智能化的种植
劳动实践 / 林的萍主编 . -- 北京：新华出版社，
2023.12
ISBN 978-7-5166-7257-0

Ⅰ . ①小… Ⅱ . ①林… Ⅲ . ①劳动课—教学研究—小
学 Ⅳ . ① G623.92

中国国家版本馆 CIP 数据核字 (2023) 第 253092 号

从原生态到智能化的种植劳动实践
作　　者：林的萍

责任编辑：赵怀志　　　　　　　　　　封面设计：张梦琴

出版发行：新华出版社
地　　址：北京石景山区京原路 8 号　　邮　　编：100040
网　　址：http://www.xinhuapub.com
经　　销：新华书店、新华出版社天猫旗舰店、京东旗舰店及各大网站
购书热线：010-63077122　　　　　　中国新闻书店购书热线：010-63072012

照　　排：北京人文在线文化艺术有限公司
印　　刷：三河市龙大印装有限公司

成品尺寸：710mm×1000mm　1/16
印　　张：9.25　　　　　　　　　　字　　数：96 千字
版　　次：2024 年 4 月第一版　　　　印　　次：2024 年 4 月河北第一次印刷

书　　号：ISBN 978-7-5166-7257-0
定　　价：128.00 元（全三册）

编委名单

主　编：林的萍

副主编：夏芳丽　邓　娅

编　委（排名不分先后）：

陈冰玉　陈　欢　何玉燕　黄彩茵　黄暖媚　廖　庆

卢迪敏　刘慧慧　潘秀菊　聂巧丽　戚思琴　唐　乐

谢明龙　许巧玲　张汉英　张耀胜　褚云云

新目标　新课程　新样态

——基于校本特色的《小学新劳动教育课程资源》丛书新思维

　　2020 年 3 月，中共中央国务院发布《关于全面加强新时代大中小学劳动教育的意见》，明确提出：为构建德智体美劳全面培养的教育体系，加强新时代大中小学劳动教育的意见，是新时代培养社会主义建设者和接班人的新要求；全面构建体现时代特征的劳动教育体系；广泛开展劳动教育实践活动；着力提升劳动教育支撑保障能力；切实加强劳动教育的组织实施。《意见》是新时代中小学实施劳动教育的实践指南。接着，教育部印发《义务教育劳动课程标准（2022 年版）》，按新课标要求，开设独立的劳动教育课，课程分为日常生活劳动、生产劳动和服务性劳动三大类，共设置十个任务群，以培养学生正确的劳动价值观、良好的劳动习惯和品质，使其成为懂劳动、会劳动、爱劳动的时代新人。

　　莞城英文实验学校的《小学新劳动教育课程资源》丛书在党和国家强调加强新时代大中小学劳动教育的背景下应运而生。

莞英学校一直以来十分重视对在城市生活的小学生群体的劳动教育。多年来，林的萍校长带领学校团队坚持积极开展和富有学校特色的校本劳动教育实践，通过与市农科院合作开辟校园小农场形成以"姜科植物"种植、管理、研学一体化的学校劳动教育实践基地，在此基础上构建学校新劳动教育校品课程体系，成为省、市、区劳动教育特色示范校。为了全面贯彻落实《意见》和《课标》，培养能担当民族复兴大任的时代新人，莞英学校结合市情、校情、生情特点和实际，基于学校劳动教育的基础、资源和特色，积极构建新时代小学劳动教育新模式体系，并编写形成这套体现新时代、新目标、新课程、新样态特点的莞英小学新劳动教育课程资源系统。

林的萍校长主编的这套《小学新劳动教育课程资源》丛书（全三册），是学校新劳动教育实践课程体系，它以"文化融合""教育价值""素养生成""探究精神"等为基点，展开经纬交融的学段特点与内容递进布局，注重在劳动教育实践中引领学生掌握和发展劳动技能技巧，养成良好劳动习惯和劳动品质素养，逐步形成劳动崇高、光荣、伟大、美丽的价值观，进而成为懂劳动、会劳动、爱劳动的时代新人。整套课程体系的规划、设计和实施，充分体现了新时代劳动教育的新目标、新课程、新样态的新构想、新思维特点。

1. 新目标 新构想——注重在新劳动教育目标体系中，促进小学生核心素养的全面生成。以丛书的《从原生态到智能化的种植劳动实践》分册为例，它是以新劳动教育体系中的"生产劳动"为基点进行实践活动的课程展现，而在课程实施过程中

实现小学生新时代劳动素养提升的目标。

在设计生产劳动课程内容的时候，设计者掌握了农耕文明的纵向发展脉络，也肯定了这一文明在漫长发展的岁月中，于关键处散发出的独特闪光点，比如旧时农耕的劳作方式、农事安排与季节更迭的奇妙关系、环保健康的农产品的生产过程，都有其丰富的传承价值。这些都是学生应该了解掌握的，所以这也成了实践课设计的基础。同时，他们把农业新科技元素纳入其中，设计了"无土栽培""精准灌溉"等生产劳动课程，这些课程中注重各学科的融合，如把科学、数学、计算机学科知识融入其中，形成了STEM课程实施途径，全面促进小学生德智体美劳全面素质和综合素养核心素质的生成。

从自然农法到智能农业，十分鲜明地体现了学校新劳动教育生产劳动实践进阶性的发展特点。它把农业的历史样态、全新样态、未来样态全部涵纳其中，构想让学生的劳动实践体验丰富而立体——因为劳动实践不仅是要学生掌握点劳动技能或具有劳动意识，更重要的是作为未来的建设者，要对农业发展有探索精神和自己的一些思考。培养小学生具有适应未来社会需要的劳动者、建设者、接班人素养，成长为能担当民族复兴大任的时代新人，是莞英学校新劳动教育和劳动教育课程育人的目标。

2. 新课程 新体系——注重在新劳动教育课程实践中，培育小学生形成良好生活习惯和优秀劳动品质。以丛书的《在服务性劳动中乐享成长》分册为例，它是以新劳动教育体系中服务性劳动为基点进行的课程的实践，而在课程实践过程中不断完

善小学生新时代劳动教育课程的构建和创新发展。

"引导学生树立正确的劳动观，崇尚劳动、尊重劳动，增强对劳动人民的感情，报效国家，奉献社会"是《意见》的基本原则表述，这也是莞英服务性劳动课程设计的一个基本出发点。值得一提的是，根据学生年龄层次及心理发展阶段特点，莞英在服务性劳动中，大力发动本校资源，"学校的图书馆、食堂、卫生角、开放书屋……是实施服务性劳动的好地方，组织学生轮流做管理员和志愿者，提高学生的规则意识，帮助他们养成遵守规则、善于自我管理的好习惯。"同时，学校还积极调动社会、家庭、社区等诸多力量，让学生能全方位得到能力锻炼，获得素养提升，体验深刻服务他人而获得劳动自豪感。

作为一所英文实验学校，莞英一直致力于培养未来可以走向世界的人才。凡是具有远大理想抱负的学生，其必备的素质就是对国家民族和人类的服务和奉献精神。这种服务和奉献精神，需要从一点一滴服务身边人开始，再到服务更多的人。具有莞英特色的以"国粤英"三种语言介绍的东莞"非遗"特色菜烹饪课程，以及"家庭劳动教育日常化、学校劳动教育规范化、社会劳动教育多样化"的全方位课程育人体系模式构建，让劳动教育从点到面，有着严密的逻辑，有着目标化的推进指引，有着高瞻远瞩的教育视野。

3. 新思维 新样态——注重在新劳动教育实践中，养成小学生的劳动服务与奉献精神。以丛书《华夏炊烟 乐享生活：美食文化探究课程》分册为例，它是以新劳动教育体系中日常生活劳动为基点建构课程体系，而在课程整体构建和具体实施行

动中探索新时代小学劳动教育课程的新模式、新样态。

学校利用有限的空间与资源，创设了一个"麻雀虽小，五脏俱全"的生活劳动实践基地——莞英烹饪小屋。作为一所英文实验学校，一直把培养具有中国情怀、世界眼光时代新人作为目标。在本课程设计中，我们也可以看到，设计者想让每一个莞英学子能通过这一课程，深入感受源远流长的中国饮食文化。如林的萍校长所说，以烹饪为核心的课程研发，是想让"每一个莞英学子能通过这一课程深入感受源远流长的中国饮食文化，无论他们身在何方、脚步丈量了多少土地，都将中华传统美食文化的精神根植心底，都能拥有为中华文化骄傲的自信，都能记得故土的那一缕炊烟"。

为家人朋友做一道菜，这看起来很简单，但却可以有非常丰富的教育价值演绎。《家庭教育促进法》关于家庭立德树人的培养目标中，就明确提出"生活技能"的全面健康成长要求。《意见》中也有让孩子"体会劳动创造美好生活""树立劳动最美丽的观念"的目标设定，这个"美"是指对生活的主观感知和主动美化，它的最基本的要求是通过勤劳灵巧的手去创造美，然后让这样的美来美化生活，这是从身体技能到情感意念及精神追求的逐层递进。营造和打造"家校合作协同共育"的新劳动教育课程，新思维、新模式、新样态，实施在学校教——在家里实践——在学校评比的劳动教育新生态，让学生在真实生活和学习环境情景中养成新生活、新劳动的好习惯。在课程设计中，一方面，让学生学会使用一些简单的烹饪的工具，掌握简单的烹饪技能；另一方面，到了一定阶段，在烹饪技能学习、

操练之外,让学生去主动探究中国的八大菜系中所蕴含的地理、历史、气候、人文、风俗等文化知识。这样的从技能到情感、素养的一种获得,也会改变学生未来的生活方式,让学生对健康、美好的生活方式有最直观的定义——爱上这样的日常生活劳动,为幸福人生和创造美好幸福生活铺垫基础。这套课程的育人价值,在此得到充分体现。

《小学新劳动教育课程资源》丛书的出版,是对莞城英文实验学校新劳动教育成果的系统性总结,是莞城英文实验学校教育工作者辛勤耕耘取得的硕果,更是林的萍校长所带领的教育集团对新时代中小学劳动教育发展探索贡献的实践模式和创新亮点。

(李季:中国陶行知研究会未来教育专委会理事长、广东省家庭教育研究会会长、教授)

总　序

深挖劳动教育内涵，突显劳动课程特色
—— 谈谈莞城英文实验学校新劳动教育的开展

　　勤劳是中华民族的传统美德。在国家《关于全面加强新时代大中小学劳动教育的意见》（以下简称《意见》）出台之后，全国中小学校掀起了新一轮的开展劳动教育的高潮，"劳动教育"进入了一个全面发展的新维度。根据调查，在实施劳动教育的过程中大家聚焦的困难有三点：一是缺少实施基地；二是缺少专业的劳动教育导师；三是劳动教育课程很难和学校实际情况有效融合。

　　为了推动劳动教育全面落地，在解决如上三大难点的基础上，东莞市莞城英文实验学校经过数年的实践与探索，开创出了一套具有鲜明风格的新劳动教育课程理论系统，并编撰了《小学新劳动教育课程资源》丛书一套，包括三本分册《从原生态到智能化的种植劳动实践》（对应生产劳动）、《华夏炊烟　乐享生活：美食文化探究课程》（对应生活劳动）、《在服务性劳动中乐享成长》（对应服务劳动）。

本丛书立体地展现了我们所开创的课程体系。这一体系有四个显著特征：

第一，全面性。学校严格遵循教育规律，立足本校校情、学情，以学生的生活及成长为立足点，研发了立体全面的课程体系。我校的劳动教育课程体系是由"爱生活、'慧'生产、乐服务"这三个学习板块组成的，它们囊括了意见里提到的日常生活、生产和服务性劳动等多个方面，如图 Z-1 所示。学校从顶层设计开发课程，各部门联动管理，将劳动教育、综合实践活动课纳入课程计划管理，开足相应的课时，把劳动教育融入了培育人才的全过程。

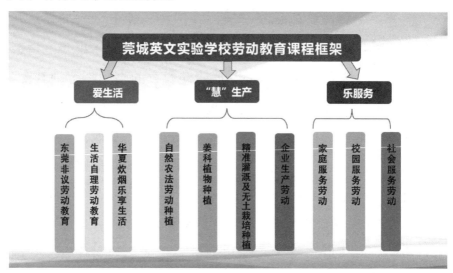

图 Z-1 莞城英文实验学校劳动教育课程框架

第二，创新性。我们所有的课程都体现了时代特征和创新劳动教育方式。劳动教育应顺应时代发展，因此，我们积极对劳动教育进行了革新，学校通过"劳动＋传统文化""劳动＋科技""劳动＋环保"等融合育人的视角，创新劳动教育方式。

比如：我校的烹饪课程就是与中国传统八大菜系文化相结合来构建的，学生从中不仅能学到基本的烹饪技能，还能领略中华优秀传统文化的美好，从小树立热爱祖国、建设祖国的远大目标；种植劳动课程中的精准灌溉种植课程与无土栽培种植课程是采用劳动与科技相结合的方式构建的，学生采用科技手段参与现代农业种植，以培养其科学精神，提高其创造性劳动能力；服务劳动课程设置也力求做到全面、新颖，不仅与传统文化相结合，还积极调动社会、家庭、社区等各方力量，让学生能全方位得到能力锻炼，获得素养提升。

第三，灵活性。我们在开展劳动教育实践活动时，立足本校实际，方式灵活多变。作为地处城区的学校，为了真正使我们的劳动教育校本课程落实到位，我们开辟了校内劳动教育新场域，"麻雀虽小，五脏俱全"。学校有适合三至六年级学生开展烹饪课程的烹饪小屋，从开学第一周开始就安排好烹饪室使用课表，一整个学期，天天都有孩子在里面上烹饪课，让它的使用率最大化；还有适合种植课程的姜科种植区、无土栽培区、自然农法种植区等场所。学校的自然农法传统种植区"十亩间"只有小小的 10 块菜地，为了让全校学生都能参与，学校聘请专家进校给全体师生讲授自然农法，每学期通过菜地招标的方式让学生体验自然农法种植劳动，这样，每个学生都能获得成长。社区的公共场所及学校的图书馆、食堂、卫生角、开放书屋……是实施服务性劳动的好地方，我们会组织学生轮流做管理员和志愿者，提高学生的规则意识，帮助他们养成遵守规则、善于自我管理的好习惯。

第四，扎实性。我们学校在十多年开展劳动教育过程中，坚持多方联动，强化综合实施。学校充分发挥劳动育人的课程教育功能，重视劳动教育与家庭、社会的衔接，形成"家庭劳动教育日常化、学校劳动教育规范化、社会劳动教育多样化"的全方位育人模式。

综上所述，学校的劳动教育课程体系，让校内劳动实践基地和校外实践基地相结合，多维度考虑通过家、校、社多方联合，共同开展劳动教育的工作方式。比如和食品公司合作，让孩子们体验矮仔肠的制作过程；与沃尔玛公司合作，让学生进行职业体验；与社区合作，孩子们利用节假日去美化社区运动场所的环境。此外，学校开展的自理小能手、垃圾分类等相关劳动课程，都是采用小手拉大手的方式，从学校延伸到家庭。我们还将农科所的专家、非遗传承人请进校园，亲自指导孩子们劳动实践，解决了专业老师不足的现状。

值得一提的是，本系列劳动教育课程都以"项目式"开展，做到了学科和劳动实践课的相互促进融合，打破了课堂、学科、学校课程之间的壁垒，创新了课程形态。这一课程体系面向每一个参与劳动的学生，关注其在具体课程活动中实践能力是否得以提升，发现与直面问题的能力是否得以提升，创新能力和创新意识是否增强。我们的评价体系也以激励为导向，对劳动教育的全过程进行规范化检测，从培养学生的劳动习惯、劳动观念入手，让学生体会劳动的快乐，收获成功的喜悦，用劳动创造美好的生活，用劳动服务身边的人。

本系列新劳动教育课程在构建及实施过程中，坚持立足学

校实际的原则，始终以学生为本，严格遵守教育教学规律，以培养素质全面的新时代接班人为目标，不断开拓进取，逐步完善课程体系，取得了一定的成效，校园风貌日趋美好，师生素养逐步提高。当然，在新劳动教育探索的道路上，我们要做的还有很多，本丛书只是一个阶段性的总结，旨在兴利除弊，提醒勉励大家为之继续努力。同时，也期望本套丛书能对其他在新劳动教育方面存有疑惑的兄弟学校提供些许借鉴，并请大家不吝指出其中的不足之处。

2023 年 5 月

课程手册编写说明

回顾我校十几年的新劳动教育开展历程，生产劳动中的种植课一直是我们坚持并取得一定成绩的课程。

我们在校园内开辟了约500平方米的种植园，有姜科种植园、无土栽培实验区、智能种植实验角、自然农法种植区等实施劳动教育的功能场所。除了校内劳动实践基地外，我校还与一些企业合作开发校外劳动实践基地，利用校内外的实践基地资源来开发劳动课程，实现学科课程与劳动实践课程之间的融合，打通课堂内外、学科内外、学校内外课程的界限，创新课程形态。同时，家校共育中，我们也融入了劳动教育的元素。亲子的共同实践，对孩子的成长有莫大的帮助，家长可以利用自身经验和优势，带动孩子开展劳动实践。新劳动教育方面，目前做到了班班有基地，生生有任务，学生在校的劳动积极性很高，把学校学习的劳动技能，在家进行延伸实践。疫情期间，学生主动参与居家劳动，让他们的宅家生活变得丰富而精彩。学生在亲历实际的劳动过程中善于观察思考，注重所学知识解决实际问题，他们开动脑筋，积极探索，拥有很多劳动创新的成果。

本手册所涵盖的内容，属于生产劳动的范畴，为我校劳动课程系列的组成部分。该课程围绕国家针对学生所需掌握的劳动技能提出的要求，结合我校实际情况，以自然农法课程、姜科种植课程、无土栽培课程、人工智能精准灌溉课程、家校共育劳动课程、校外耕种课程等为纵线，从课堂教学方法指导、课程探究以及知识拓展等教学层面，进行了系统化的立体构建。旨在对老师的日常教学起到具体的方向性的引领作用；对学生的知识拓展、技能提升、品格塑造、素养发展起到积极的推进作用。

课程编写组

2023 年 5 月

目 录

第一章

我与植物共成长、传统农业·自然农法课

课时安排

自然农法种植以学期为单位，获得种植权限的小组有一个学期的种植权限。课程的具体安排如下：

课程安排	具体内容	时间
知识宣讲	通过校园直播、学校公众号推文等方式进行自然农法知识的宣讲	第1周
组织竞标	发布竞标公告，开通报名渠道	第1周
	学生组建团队、制作标书	第2周
	组织召开竞标会	第3周
指导实践	按照自然农法种植的要求指导学生进行种植劳动实践	第4周至第19周
组织展评	各小组展示劳动成果，交流、评价、反思	第20周

课程阐释

"自然农法"所秉持的原则为"物土不二""天人合一"，这一理念崇尚自然为一切的根基，认为人类应尽可能地避免对抗大自然，而是考虑与其和谐共生，这样不仅有利于人类创造更加宜居的环境，同时还有利于维持生态平衡，让我们所生存的自然环境、空气、水土等得到更好的保护。自然农法种植，是以大自然的法则为依据所开展的一系列农业生产劳动，这种种植方式始终把保护土地放在首位，以改善和培育有机土壤为立足点，在耕种过程中，杜绝施用化学肥料和农药以及各种化学制剂损害土壤的行为。

蔬菜种植是我们自然农法种植课程的主线，这一方式开创了把课堂教学和种植劳动有机联系的先河。通过公开招标、亲手种植、成果品鉴等途径，让学生体验劳动之苦、劳动之乐、劳动之美，通过这种新型的教育形式，教师对"劳动可以树德、可以增智、可以强体、可以育美，具有综合育人价值"的育人观念认识更加深刻，同时对践行这一理念也信心百倍。

学生通过该课程，可亲身体验自然农法种植劳动的全过程，获得丰富的劳动体验，这些实践活动，对帮助学生树立正确的劳动观念、培养环保意识、掌握一些必要的劳动技能有很大的推动作用。这样就能让学生从小热爱劳动，懂得只有劳动才能创造一切的道理，并把爱护环境变为其实际行动。

课程目标

1. 学习种植劳动技能

通过参与传统种植劳动，能够规范地使用劳动工具，掌握翻地、播种、锄草等传统农业的耕种方法。

2. 丰富情感体验

通过原始的劳动方式，感知古人"粒粒皆辛苦"的情感生发原由，养成节约习惯，从而尊重劳动者、珍惜劳动成果。

3. 培养环保意识

古法耕种与学校作为国际生态学校"绿旗学校"一直坚持的将环保理念融入学生的学习与生活方式的目标一致。将环保的理念渗透到劳动教育之中，让劳动教育内涵丰富。

4. 锻炼小组协作能力

该项活动由学生在教师的帮助下以小组合作的方式来进行，其实施过程能使学生的自主学习探究能力得到很大提升，同时也能锻炼他们的团队精神、协作能力。

实施意义

（1）帮助学生了解自然农法的实施方法，树立正确的劳动价值观。

（2）让学生能够熟练掌握一些简单劳动工具的使用方法，习得一些简单的劳动技能。

（3）通过种植过程的熏陶，使学生懂得人与自然和谐相处的 重要性，培养学生热爱活动、尊重劳动人民的高尚情操，并促使他们养成优良的生活与学习习惯。

实施方略

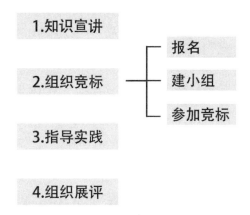

1.知识宣讲

2.组织竞标 —— 报名 / 建小组 / 参加竞标

3.指导实践

4.组织展评

第一节　"十亩间"的自然农法课开展

　　学校在植物园特地开辟出十块小菜地作为蔬菜种植区域，在这十块菜地中，老师带领学生采用"劳动＋环保"的"自然农法"理念进行蔬菜种植，因此也取名"自然农法种植园"。

　　对于种植权限，我们采取招标的方式，一切由学生来定，全校师生都可报名参与。新鲜有趣的实施方式，和传统的自然农法种植结合起来，让学生提高了参与的积极性，也更珍惜劳动的机会，提高了劳动效率。那我们到底是如何开展这样的劳动教育课的呢？下面就来看一看吧！

综合学习："十亩间"的农耕文化内涵

"自然农法"四个字，不仅是说依照什么方式从事农业生产，实际上还有更深层的含义。关于自然界中人、地、天的关系，在《老子》一书里写道：人法地，地

法天，天法道，道法自然。其实，人的很多东西，包括行为习惯都是自己脚下这方寸步不离的土地所赋予的，而土地所呈现的大致样貌，则受该地气候条件的影响，如土壤的贫瘠与否、植被如何分布、雨水光照是否充足、光照是否适宜等，用道法自然来解释气候，说明气候也要受自然规律的约束。天、地、人三要素在大自然中都是不可或缺的，所以农耕生产也要受自然规律的制约，即为自然农法。

在莞英土地资源并不宽裕的情况下，学校开辟出十块小小的田地，并赋名"十亩间"——源自诗经《国风——十亩之

间》，希望学校十块小小的菜地，能够呈现出《十亩之间》所描述的 人们轻松愉快的劳动场景，达到我们进行自然农法劳作

课的文化启迪教育目的。

十亩之间　佚名（先秦）

十亩之间兮，桑者闲闲兮，行与子还兮。十亩之外兮，桑者泄泄兮，行与子逝兮。

有趣的土地竞标活动

1. 团队建设

（1）组建团队。团队可以是班级、社团、小组或家庭，人数不限（最好能找到一些有种植经验的伙伴参加）。

（2）设计团队名称和口号。

（3）讨论确定团队的分工合作方式（如推选小组长、给各个组员安排好具体工作等）。

2. 标书制作

标书内容：

（1）团组组建情况。标书要明确团队名称及口号，标明团队组长和成员的基本信息，如班级、姓名、电话、有无经验等。

（2）竞标原因。标书应清晰、详细地阐述竞标的原因。

（3）种植规划。标书要明确该团队所要种植的农作物名称、所属蔬菜类型、选择理由、种植时间等，并附上详细的种植示意图。

（4）团队优势。标书应体现出团队的竞标优势。

（5）预期成果。标书应阐明团队想要达到的预期。

（6）标书应标明投标所需材料的清单。比如，投标书与投标 PPT 的份数，以及其他相关投标材料（种植照片、种植日志、种植视频等）。

小贴士

团队优势可以从种植经验、技术支持、外援支持等方面来写。

3. 走进竞标会

（1）招标准备。通过第一关招标资料审核即获得参与竞标会资格，参与竞标的小组需要准备好投标书、竞标 PPT，以及其他相关材料。

（2）小组分工。为了在竞标会上顺利进行竞标演讲，参与竞标的小组要对各个成员进行合理的分工，具体内容包括竞标演讲、制作 PPT、播放幻灯片、整理打印标书以及其他相关辅助工作。

注意事项

①要人人参与。招标会的目的是让人人种植转变为人人参与，希望组内每个成员都能参与招标会的准备工作。

②要按时提交。招标书、招标演讲 PPT 和附件资料要在竞标会前一天上传至学校内网相应文件夹。

③要关注演讲要点。

A. 符合"自然农法"的种植要求。

B. 讲清楚种植规划。

C. 着装整洁、自信大方、展现团队风采。

第二节　"自然农法"种植劳动体验

"我是种植小能手"优化课程

①确定团队名称、组长人选以及参与人员。

②确定实践方法。此次活动可通过查阅书籍、网上搜索、采访专业人员、动手实践、对比实验以及其他有效途径来实施。

③明确活动的实施过程。确定翻土、播种、治虫、浇水等实践项目的主要负责人、具体任务以及开展时间。

④提前预见活动实施过程中有可能遇到的困难，做到心中有数。

⑤预测种植过程中可能遇到的困难，并准备具体解决方案，防患于未然。

⑥对这次种植实践活动可能达到的效果，提前作出预判。

工具的使用方法

①锄头：使用锄头时，双手要紧握锄头的柄，一手在上，一手在下，锄头口朝自己。刨地时要把锄头抬高，双手的力气要同时、同步运行。

②洒水壶：先将水壶根据自己的力气灌水，均匀地将水洒在所需浇水的地方（别打湿衣服）。

种子的准备

①看外观纯度。优质的种子颗粒饱满、形态匀称、种面新鲜有光泽，否则就说明种子的质量比较差。

②看发芽率。种子发芽率达到95%以上，才能确保出苗齐整，发芽率以至少不小于85%为宜。种植前我们可以亲自检验发芽率，比如，取100粒种子，用水泡够一整天，接着用湿纱布包好置于室温30度左右的房间里，种子2~3天后会发芽，这时我们就能了解它的发芽率了。

设计种植牌

设计种植牌时，要兼顾美观性，并标明团队的名称、班级名称等内容。

注意事项

①安全第一。所有同学在种植园的行为，必须要遵守安全第一的原则，要规范使用种植劳动工具，避免受伤。学生节假日入校参与种植劳动须有家长陪同，并凭校园种植卡入校。

②举止文明。所有同学在种植园里要做到举止文明，借用劳动工具房的工具要及时归还，要爱护种植园的公共设施和一草一木，爱惜他人的劳动成果。

③日常管理。同学在菜地使用期限内（本学期）有责任保持种植地的整洁，学生对植物要进行日常护理，要参与种植的全过程。

④按照自然农法种植。种植团队需提前了解自然农法知识，保证在种植过程中不施肥、不喷农药，不使用伤害土壤和环境的化学物质，按照自然农法的理念种植。

种植过程

1. 翻土

充分发挥土壤的自身生发能力是"自然农法"种植的核心。土壤肥力较高，种出来的农作物的自然抵抗性强，生长比较健康，产品质量也比较好。

翻土小妙招

①除草。杂草不仅让菜很容易生虫子，也会抢走菜的营养，

因此翻土前要把杂草清理干净。

②翻地。杂草除掉后，就要翻地了，翻地就是把板结的土翻起来。翻地的时候不需要翻太深，一把锄头的深度即可。

③整地。翻土后就是整地，就是用锄头把翻好的大块的土弄碎一些。

④起垄做畦。这是种菜过程中很重要的一步，要把地整成豆腐块形状，并间隔一定距离留下一些沟，这样在下雨的时候，菜才能不被水淹，才能保护肥料不被水冲走。

2. 播种

由于各地区自然条件、生产条件及生活习惯不同，蔬菜栽培的种类、品种及栽培方法也多种多样，但种植的关键之处是挑选的品种要优质高产、抗病能力强，种植时间要适宜，管理要科学得当。

3. 管理养护

（1）治虫。蔬菜在生长的过程中可能会出现虫害，所以治虫是种植过程中必不可少的环节。

物理防治法

①色彩捕虫法。很多虫子都喜欢黄色，我们可以利用带有黏性的黄色物品杀死蚜虫之类的害虫。

②光线杀虫法。我们可以利用害虫的趋光性来杀死它们，

比如使用诱蛾灯可杀死飞蛾。

③纱网防虫法。使用寒冷纱或无纺布，可以阻止害虫产卵。

生物防治法

动物相克法。利用动物之间相生相克的法则进行治虫，如七星瓢虫、青蛙等可以捕杀很多田间害虫。

（2）浇水。在晴天的上午或傍晚进行浇水，雨雪天气不用浇水。

注意事项

要注意浇水的量，一般种植园采用滴灌的方法浇水。

活动收获

1. 劳动成果

各个小组收获所种的蔬菜，并分组讨论以下内容：你们想把自己的劳动成果做成什么样的菜？你们想把自己的劳动成果和谁分享？你们想以什么样的方式进行分享……

2. 劳动心得

在整个自然农法的课程实践中，同学们都付出了大量的时间，流下了辛勤的汗水，但收获很多，教师可引导学生回顾整个种植过程，让大家回忆一下在这段体验中，哪件事情最令其印象深刻？经过这次种植体验，你们的班级或小组有了什么变化？当看到自己的劳动成果时，心情如何？当把自己的劳动果实与别人分享时，这种分享又给自己带来了什么影响？你对这样的种植体验有什么看法？你是否有尝试进行其他种植体验的计划？

这些心得可以以拍摄图片、文字记录或录制音频、视频等方式进行。

附：课程评价（参考）

评价内容

1. 劳动状态

（1）是否认真对待所有活动。

（2）是否尽力完成属于自己的任务。

（3）是否完成收集处理材料的工作。

（4）是否乐于沟通、积极交流、团结他人。

2. 经验收获

（1）是否敢于质疑、善于钻研、积极动手。

（2）是否善于自我检讨、反思改进。

（3）是否尊重事实，尊重别人的看法和成就。

（4）是否敢于付出、勇于面对挫折。

3. 方法的掌握

（1）是否能用多种途径获取信息。

（2）是否能 按 "自然农法" 的种植要求进行种植。

4. 实践能力的发展

（1）是否能掌握种植劳动的主要步骤。

（2）是否能充分发挥个人专长，为团队做贡献。

5. 各小组成果获得大小，以及对未来劳动能力发展的规划

评价方式

课程评价方式应包括学生自评、小组互评、教师评价、家长评价等几个方面。

评价原则

课程评价应遵循科学性、民主性和及时性的原则。

自然农法教学库：厚土堆肥

课程设计目的

让学生更好地了解传统农业的环保特点。

课程设计背景

堆肥是自然农法种植中的重要环节，堆肥其实就是微生物（好氧）分解发酵有机物形成稳定的腐殖质的过程。相较于翻土可能会破坏现有土壤，"厚土种植法"改用一种"直接在原有土壤的上方加东西"的做法来保护土壤。"厚土"二字蕴含怜悯众生、厚待土地之意，非常形象贴切，这种种植方式能够维持土壤水分，增强其肥力，其主要价值是这一过程中用到的材料会逐渐被分解，重建土表流失的土量。

课程实施过程

厚土堆肥用到的材料主要是厨余垃圾、草皮和纸箱板。在教师的安排下，参加活动的学生与家长可带来家里废弃的纸板和厨余垃圾。

堆肥小秘籍

秘籍一：厨余垃圾一定是未经过烹饪的、素的厨余，比如菜叶、果皮。志愿者们也可收集菜叶子和咖啡渣。

秘籍二：纸板上的胶带必须撕下来，不能直接堆入土中。

秘籍三：堆积物表面一定要有覆盖。

（1）将纸板上的胶带撕下（放入垃圾袋带走），剪碎纸板，将纸板垫在池栏内。

（2）家长和孩子们将小树枝、小竹片堆置锁型池栏底层作为透气层，5~10厘米高。竹片需要家长协助截断。

（3）将剪碎的厨余垃圾装桶内倒于透气层之上，形成有机质层，此层为10~20厘米。

（4）将草皮放在厨余垃圾之上20~30厘米，增加腐殖质。

（5）上面覆盖10厘米左右的种植土。

（6）将剩余纸板覆盖在最顶层，浇透水，保温保湿。

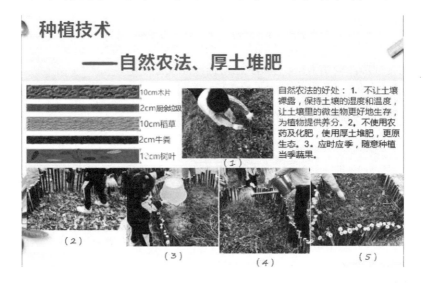

详细堆肥方案

堆肥所用到的材质，大致可分为三种：

第一种：基础材质。这种材质大多难以分解，如植物秸秆、厨余垃圾等。

第二种：利于分解的材质。这种材质大多含氮和高温纤维分解细菌的数量较高，如动物粪尿、污水、石灰、草木灰和老式堆肥等。

第三种：有较强吸收性的材质。堆肥时用上些许细泥、磷矿粉及过磷酸钙，可减少氨的挥发量，增加肥效。

为了让堆肥更快腐解，首先要把各种材质稍加处理。

（1）材质的分选。挑除其中的玻璃、瓦、石或塑料等，尤其避免有毒物、重金属或无机物掺杂其中。

（2）在堆制前，各种材质最好能做粉碎处理，材质最好2~5寸长，以加大融合度，促进腐解。但这种方法费时费力，较适用于小范围的种植。

（3）对于农作物秸秆等蜡质含量高、质地硬的材质，难以吸水，可粉碎后以污水浸泡，破坏其蜡质层，增加其吸水性后，再进行堆制工作。

（4）对于含水量大的水草，可以稍加晾晒再开始堆制。

设置通气孔道

在平整的实地上，挖出深、宽20厘米左右的"十"字或"井"字形的沟，在沟上方横向、纵向铺上植物秸秆，当作堆肥的下层通气沟，并在沟的交汇处，垂直于地面放上粗条状硬植物秸秆或棍子，做堆肥时的上下通气口。

小贴士

通常堆制3~5天后，被微生物分解后的有机物会持续散发出热量，肥堆内部温度会逐渐升高，经过7~8天，内部温度可以明显升到60℃~70℃，进而堆内水分会流失严重，发酵分解能力减弱，堆肥材质无法充分分解。所以在制作肥料的过程中，要严格把控肥堆各部分温度和湿度的改变。检测方式有温度计和手温检测法两种。前者比较直观，后者的具体测法为：把一根长铁棍插入堆肥中停留大约 5 分钟，然后拔出用手测温，其标准是发温为 30℃，发热为 40℃~50℃，发烫则超过 60℃。检测湿度，可查看铁棍进入堆肥部分表面的干湿情况。

若湿润，则说明水分合适；若干燥，则说明缺乏水分，就要在堆顶钻洞添水。假如肥堆里面一切情况正常，通常开始制作的前几天温度会缓慢上升，约一周后达到峰值，高温持续时长不能低于 3 天，10 天左右温度逐渐降低。在正常状态下，20~25 天翻堆一次，即内外层位置互换，然后依据需求添加适量粪水促进发酵。二次堆肥后，继续堆制一个月左右，堆肥材质变黑、发烂、变臭，则堆肥已完成腐熟，就可以盖紧存储备用了。

腐熟度

1. 腐熟良好的条件

①湿度。维持适宜的湿度，是加速微生物活性和肥料材质发酵的先决条件。通常堆肥材质的湿度最好保持在的 60%~75%。

②透气。维持肥堆的适当透气，能够很好地促进微生物繁殖，加速堆肥材质的腐化分解。尤其在肥堆处于高温时，更应

管理好肥堆的透气性。

③维持适宜的酸碱环境。可在肥堆里添加一定量的石灰或碱性土，以维持其内部的酸碱度，为微生物的繁殖发酵提供良好的条件。

④碳氮占比。在碳氮比为 25：1 时，微生物才能维持正常的分解有机物的活动。豆类的碳氮比是 15~25：1，草类是 25~45：1。依据不同材质的营养物质的含量配比，适量添加到堆肥中，就能控制好碳氮比例，帮助微生物优化分解腐化活动。

2. 腐熟程度的检查标准

堆肥的腐熟度是一个分辨其质量的重要依据。我们一般从色泽、气味、材质硬度、液体浸出度、肥堆大小、碳氮率和腐化数据等方面来衡量。

①色泽气味。肥堆材质变成黑色或褐色，渗出褐色液体，发出氨臭味，且经试剂测试，其含氮量明显升高。

②材质硬度。以手捏堆肥材质，温时弹而柔软，干时脆而易断，有机物没有了弹性。

③渗出液体。把 1：5~10 的腐肥和清水混合拌匀，静置 3~5 分钟，渗出液体为淡黄色。

④肥堆大小。制作好后体积缩小 1/2~2/3。

⑤碳氮比，一般为 20~30：1（以 25：1 最佳）。

⑥腐殖化系数，为 30% 左右。

　　肥效较好的堆肥，就是接近上面标准的肥料，可用在各类土地和作物上。如果坚持使用，不仅可以大获丰收，还能不断改善土壤环境，提高土地的肥力，一举数得。

［自然农法招标会小视频］

第二章
我与植物共成长、种植观察·姜科栽培课

课时安排

STEM 理念引领下的小学姜科栽培课程安排

阶段	课时	学科	学习目标
准备 3 课时	第一课时 团队建设	科学、数学	根据生活经验讨论确定姜科植物栽植的主题，讨论出团队名称及意义，合理进行分工安排
	第二课时 种植准备	科学、技术、数学、工程	知道栽植前需要准备的物资和土地处理工作，养成分工合作的好习惯
	第三课时 认识姜科植物	科学、技术、数学、工程	了解姜科植物的分类，知道生姜、红球姜和姜黄三种姜科植物的生长与繁殖特点，初步尝试设计自己的栽植策略
实践 4 课时	第一课时选种育苗	科学、技术、数学、工程	知道姜科植物的繁殖方式，了解姜种的选择标准，学会姜科植物的育苗方法，尝试育苗
	第二课时 栽植养护	科学、技术、数学、工程	了解姜科植物的栽植方法，运用工具初步进行栽植尝试，了解姜科植物的养护方法，并定期完成养护工作
	第三课时观察记录	科学、技术、数学、工程	知道数据监测对姜科植物生长的帮助，利用工具和表格对姜科植物的生长数据进行记录监测，培养善于观察的好习惯
	第四课时 收获	科学、技术、数学、工程	知道判断姜科植物成熟的标准，学会收获姜科植物的挖掘方法。并对不同种类的成姜进行分类，提前预留下一年的姜种

续表

阶段	课时	学科	学习目标
总结 2课时	第一课时 种植分享	科学、数学、工程	初步尝试对监测数据进行分享，归纳总结姜科植物生长的特点，并得出栽植建议
	第二课时 实践收获分享	科学、技术、数学、语文	撰写姜科植物栽植的小感想，分享劳动收获，热爱劳动
课后 延伸 2课时	第一课时 用姜烹饪	科学、技术、数学、工程	结合日常生活中的生姜使用习惯，初步尝试利用收获的生姜进行烹饪
	第二课时 姜科植物的作用调查	科学、技术、数学、工程	利用表格探究归纳姜科植物更多的作用，如园林植物的观赏价值、药用价值以及提供观赏价值等

课程阐释

1. 学生缺乏创新意识

目前城市中小学生参与科学实践的机会不断减少，在校园以外的环境参加科学实践的机会更少。根据东莞市国家质量监测科学学科结果显示，学生的科学创新意识较弱，动手能力有待加强，学校应加大学生科学实践的机会。

2. 国家倡导提高学生创新能力

教育部颁布的《义务教育小学科学课程标准》指出：学生需要了解科学技术知识及其对社会和个人的影响，知道基本的科学方法，认识科学的本质，树立科学思想，崇尚科学精神，并具备一定的运用它们处理实际问题、参与公共事务的能力。

3. 学校的设施设备条件允许

我们学校位于市区中心，寸土寸金。学校用地不大，但是学校对科学教育非常重视，在植物园特意圈划出科学实践种植基地。另外，学校还配备专职科学教师开设科学实践活动项目，全力支持学生实践创新能力的培养。

4. STEM 教育理念引领开设活动

结合小学科学实践课，在 STEM 教育理念引领下开展小学姜科植物课程，给学生提供了更多参与科学实践的机会。融入 STEM 教育理念的科学实践课程，倡导学生运用跨学科的知识解决实践中遇到的问题，以项目式学习的方式开展问题研究，旨在让学生在学习科学知识的同时，锻炼实践能力、劳动能力、直面问题的能力，提高综合素养。

课程目标

1. 价值体认

通过收集、整理资料、亲身实践，了解姜科植物的有关知识，激发热爱科学、主动学习、分析整理归纳资料的能力。

2. 责任担当

通过参与活动，培养团队合作的意识，激发参与科学实践的积极性。

3. 问题解决

通过参与"姜科种植"学习和探究植物生长过程和繁殖方式，了解生命的延续途径，同时通过技能的学习，学会使用劳动工具，能够在活动过程中发现问题，并想办法解决问题，探究姜科植物的养护方法。

4. 创意物化

通过对"姜科植物"种植的项目式学习，能够对实践收获到的姜进行食品加工，并将之转化为创意成品，提高自身创新能力，同时感受劳动创造美好生活的幸福。

实施意义

结合粤教版小学科学四年级上册第一单元《生命的延续》中学习和探究生物的生长过程和繁殖方式，了解生命如何延续，在此知识基础上拓展，让学生在参与植物栽植的过程中也对植物的养护过程进行探究，找到更适合植物生长的方法和途径，同时锻炼学生在实际种植中自主发现问题、解决问题的能力，倡导学生自主探究学习。

基于此，结合东莞的气候特点和植物的生长特点，选定了姜科植物作为研究对象，在STEM理念的引领下开展探究活动。经过数年的探究，学生对姜科植物有了更深入的了解，在栽植过程中学会了发现问题、小组合作解决问题，对姜科植物的进一步研究也有独特的想法和探究方向，提高了自身科学探究的能力及创新精神。

实施方略

　　根据活动目标，活动分为准备、实践、总结等三个阶段，创设相关的活动任务来驱动活动进行，让劳动实践扎实高效。

　　具体安排如下：

活动阶段	活动安排	课时安排
准备阶段	活动一：理论学习 初入"姜"湖	2课时
	活动二：确定主题 组建"姜"湖	1课时
	活动三：群策群力 定"姜"开荒	1课时
实施阶段	活动四：基地实践 大闹"姜"湖	5课时
	活动五：分析研究 "姜"顺其美	4课时
	活动六：烹饪实践 锦绣"姜"山	3课时
总结阶段	活动七：成果展评 "姜"山如画	2课时

课程评价

达成目标

　　（1）学生从本次实践活动中，学习学科知识的同时提升动手及解决问题的能力。

　　（2）通过本次活动，让学生亲历植物生根发芽到成长凋零的过程，了解生命的独特，培养学生尊重生命、珍爱生命的意识，使学生更有责任感，部分学生会每天去观察姜的生长情况。

　　（3）让学生学会与同学合作，团队意识大为提高，跟同学们的相处更加融洽。

（4）学生更加热爱科学了，都有动手实践的兴趣，提高了自身的创新能力和自主学习能力。

效果评价

我们重视做好活动评价，评价聚焦于关注每一个参与活动的学生在活动过程中是否有收获，解决问题的能力是否有所提升。借助评价及时展示学生的活动表现和活动成果，以此作为改进教与学的重要手段。结合本次实践活动，我们采取质性的评价方式，一共设计和使用了两份评价表，在活动开展的不同阶段分别采用不同的评价量表对学生的表现进行即时的评价。

下面列举我们为本次活动设计的两份评价表，分别是大闹"姜"湖项目式学习诊断性评价表、大闹"姜"湖项目式学习评价量表。

大闹"姜"湖项目式学习诊断性评价表

评价指标	评价要点			结果
	非常优秀（A）	表现不错（B）	有待提高（C）	自评
关于姜科植物的知识了解				
姜科植物的种植体验				
参与学习活动的兴趣和意愿				

大闹"姜"湖项目式学习评价表

班级：＿＿＿＿＿＿＿ 姓名：＿＿＿＿＿＿＿

评价主体	评价维度	★★★	★★	★	评价结果
学生自评	知识原理	知道姜科植物的相关知识，并能判断植物所处的生长期	基本上知道姜科植物的相关知识	简单了解常见姜科植物的种类	
学生自评	学习方法	喜欢自主查阅资料获取知识、进行独立思考	愿意查阅资料并作笔记	更倾向于倾听老师与同学的学习结果	
学生自评	技能掌握	知道种植工具的种类并能熟练使用	知道常见的种植工具并能简单使用	能使用一两种简单种植工具	
学生互评	合作分享	能团结合作，并主动讨论方案，分享自己的探究成果	能服从团队管理，完成小组任务并提出自己的建议	能服从团队管理，完成小组任务	
学生互评	学会倾听	能接受别的批评意见，有效分工协作，贡献自己的意见	能接纳他人的观点，在进行多人合作时愿意沟通交流形成集体观点	愿意倾听，对别的观点有简单看法	

评价主体	评价维度	★★★	★★	★	评价结果
教师评价	信息处理	能用图表方式记录整理信息，能用科学语言有效表达，能够查阅结果	能用比较科学的词汇、图表记录并陈述信息	在教师指导下能用语言初步描述信息	
教师评价	创新能力	能积极参与学习，讨论的观点有创新性，能有效解决问题	基本完成学习任务，讨论的观点有建设意义	更乐于介绍别人的看法、认同别人的做法	
家长评价					

在实践活动中，把表现性评价贯穿整个活动过程，从而达到以评价促进学生发展的目的。通过活动评价，及时了解到学生在劳动实践活动中的情况，从而帮助教师把握学情，及时调整教学，有效促进教与学。活动评价尽可能设计得科学、合理，注重评价主体的多元化，包括本人自评、组内互评、家长评价以及教师的整体评价，力求评价全面而真实。这些有图有真相、带有美好印记的活动评价表，也成为学生在综合实践活动档案

中重要的组成部分。

第一节　了解姜科植物

三种姜的知识

姜科植物为多年生草本（至少一年生），陆生（少水生）。

全世界的姜科植物有 52 属，约 1300 种，分别生长在热带、亚热带，其中亚洲的热带是其多品种的中心。本课程选用以下三种典型的姜科植物：姜属的生姜、红球姜及姜黄属的姜黄。

生姜

亚洲热带地区广泛栽培，在中国和印度都有悠久的栽培历史。根状茎肉质，块状，淡黄色，具芳香及辛辣味。叶披针形至线状披针形，宽 2~2.5 厘米；秋季开花，穗状花序球果状，具长总花梗，花瓣为半透明的淡黄色，唇瓣带有紫纹和黄点。

红球姜

常见产于南亚、东南亚，我国产于广东、广西、海南、云南和台湾。株高 0.6~2 米，根状茎类似姜，内部淡黄色，花序球果状，具长总花梗，秋季苞片转为鲜红色，十分艳丽。

姜黄

又被叫作郁金、黄姜、宝鼎香等。我国南部至西南部及亚洲热带地区广泛栽培。鉴别特征：根状茎内部橙黄色，秋季开花，

花冠一般是白色或淡黄色，或白色顶部粉红色。

姜的功用

"冬吃萝卜夏吃姜，一年四季保健康"，这句话经常被老百姓挂在嘴边，生姜有很多保健功能，能有效抑制呕吐症状，被誉为"止呕圣药"，特别在暑天经常食用一些生姜，可以防治胃肠病菌的活动，消杀口腔和肠道的有害病菌。我国一直有用生姜治病的传统，它也是中医们常用的食疗物品。姜在生活中可谓应用繁多，特别是食材的应用上，用姜做出来的美食更是数不胜数，比如姜撞奶、沙姜鸡脚、咖喱饭、盐焗鸡……

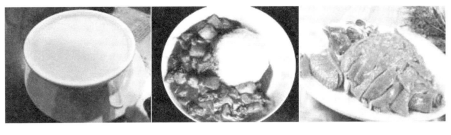

姜撞奶　　　　咖喱饭　　　　盐焗鸡

既然姜的作用如此之大，我们能不能自己动手种出一棵姜来呢？想要种出一批产量好、品质高的姜，我们要怎么做呢？

第二节　姜科种植观测

观察内容

　　测量并记录姜科植物的株高、地径、冠幅；观察生长期间植物的健康情况，叶片是否变黄、是否出现病害、是否出现害虫等。

工具与方法

1. 工具

　　铅笔、卷尺、游标卡尺、记录卡、电子秤等。

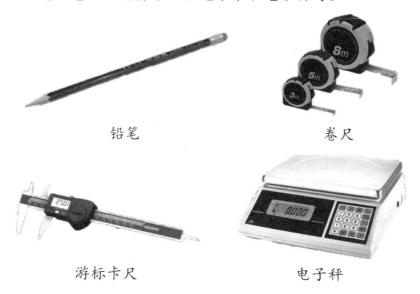

铅笔　　　　　　　　　　　卷尺

游标卡尺　　　　　　　　　电子秤

2. 方法

待种姜出苗后测量株高、记录出苗情况、叶片数量等，植株进入生长期、成熟期后测量株高、地径与冠幅等。收获期测产，分别记录三种姜科植物的产量。

株高：用卷尺测从姜根部到主干顶部（主干高度）。

地径：用游标卡尺测姜株顶部到地面10厘米处的植株直径。

冠幅：用卷尺测姜株南北、东西处的平均长度。

观察与记录

3. 记录卡

分四个阶段进行记录。

（1）幼苗期：从第 1 片姜叶展开到具有 2 个侧枝为幼苗期，一般两个月需 60~70 天。

（2）生长期：幼苗期后四个月，120 天左右。

（3）成熟期：生长期后两个月，60 天左右。

（4）收获期：栽种后的第十个月以后。

记录卡（示例）

日期：　/　/　　小组：　　　记录人：　　　时期：　　　温度：　　℃

品种	编号	肥料类型	出苗量/株	光照程度	株高/厘米	叶子/片	虫害情况	其他发现
红球姜								
生姜								

续表

品种	编号	肥料类型	出苗量/株	光照程度	株高/厘米	叶子/片	虫害情况	其他发现
姜黄								

新发现：

感想：

填表说明

①肥料类型：有机肥料用字母"Y"表示，化肥用字母"H"表示。

②出苗量：记录露出地面的小苗数量。

③光照程度：日光照时间0~3小时填"弱度"，日光照时间4~6小时填"中度"，日光照时间＞6小时填"强度"。

④虫害情况：有虫害时填害虫名称，无虫害则填"无"。

[姜科种植小视频]

第三章 我与植物共成长：科技农业·无土栽培课

课时安排

上课内容、时间规划：（教学内容会根据植物生长情况做调整）

周数	教学内容
第 1 周	组建团队
第 2 周	无土栽培概况
第 3 周	育苗学习和实践
第 4 周	移苗学习和实践
第 5 周	自动灌溉系统、循环系统
第 6 周	病虫害防治
第 7 周	收菜和义卖
第 8 周	营养液配比
第 9 周	无土栽培和自然农法种植对比
第 10 周	常见无土栽培作物科普
第 11 周	种子的选择、浸种和催芽
第 12 周	种植养护
第 13 周	无土栽培优点探究
第 14 周	万能育苗法
第 15 周	收菜和烹饪、分享
第 16 周	观察记录和分析
第 17 周	学员宣讲
第 18 周	收菜和烹饪
第 19 周	休园
第 20 周	活动总结

课程阐释

为彻底落实习近平总书记针对教育的科学观念，执行中央关于教育的方针，体现《中共中央 国务院关于全面加强新时代大中小学劳动教育的意见》和《大中小学劳动教育指导纲要（试行）》重要文件的指导意见，凸显学校的学科融合教育特点以及育人功能，开发本课程。

国家提倡五育并举，我校大力发挥劳动的育人功能，有针对性地合理引导学生进行劳动，让学生亲身参与劳动实践，学习先进的种植技术，以增加其劳动素养，培养其科学的劳动价值观。

无土栽培是现代化农业技术之一，是农业种植方法的一个重大进步，为实现农业现代化开拓出了一片新天地，它也是最近几年比较热门，非常适合学校、家庭等小范围种植的种植方法。它用材广泛，非常具有可操作性，不仅便于管理，把它用于学校的劳动教育，还可以在学习过程中，提升学生的综合素养。

学生通过该课程可掌握无土栽培种植劳动的方法，获得丰富的劳动体验，学习一些必要的劳动技能，形成正确的劳动观念，提高劳动能力。

课程目标

我们学校开设的无土栽培种植课程，通过一些融合式教学手段，让孩子掌握无土栽培的基本方法，同时达到如下教育目的。

（1）通过有计划组织的进行无土栽培种植体验，掌握无土栽培的概念、分类、优点和种植方法，学习先进的种植技术。

（2）学生经历技术学习、动手操作、观察记录、分析和表达交流等过程，初步掌握无土栽培种植技术，了解无土栽培主要作物种植的相关知识。通过一个学期的无土栽培种植实践活动，培养动手能力、解决问题的能力。

（3）通过义卖、分享和烹饪等形式对劳动成果进行处理，提高学生对劳动的兴趣、体验劳动人民的辛苦、体会靠劳动得到收获的自豪感，培养他们热爱劳动、热爱生活、乐于分享的优秀品质。

（4）通过小组合作完成各项实践活动，提高学生的团体合作能力、热爱集体的优良品质。

实施意义

（1）帮助学生了解无土栽培的实施方法，形成正确的劳动价值观。

（2）使学生熟练掌握一些简单劳动工具的使用方法，习得一些简单的劳动技能。

（3）通过无土种植体验，使学生懂得人与自然和谐相处的重要性，培养学生热爱活动、尊重劳动人民的良好品质，珍惜现在美好的生活与学习机会。

实施方略

（1）在学校统一领导下，由指导老师组织、宣传，让学生认识科学无土栽培的趣味性和重要性，感受种植体验的美好，激发其对种植的兴趣；

（2）在体验种植的过程中，引导学生及时总结种植技巧及管理方式，培养学生的团体协作能力和积极探究的精神；

（3）组织学生总结种植过程的体验感受，鼓励学生用自己的方式表达出来；

（4）对学生分组种植的过程以及所取得的成果给予科学合理的评价，以激发学生学习探索的积极性；

（5）引导学生尝试种植其他植物，积极拓展自己的更多知识与技能，并能把小组合作中的知识与日常生活联系起来。

课程评价

评价内容

1. 劳动状态

（1）是否认真对待所有活动。

（2）是否尽力完成属于自己的任务。

（3）是否完成收集处理材料的工作。

（4）是否乐于沟通、积极交流、团结他人。

2. 经验收获

（1）是否敢于质疑、善于钻研、积极动手。

（2）是否善于自我检讨、反思改进。

（3）是否尊重事实、尊重别人的看法和成就。

（4）是否敢于付出、勇于面对挫折。

3. 方法的掌握

（1）是否能用多种途径获取信息。

（2）是否能遵循无土栽培的种植要求进行种植。

4. 实践能力的发展

（1）是否能掌握无土栽培的主要步骤。

（2）是否能充分发挥个人专长，为团队做贡献。

5. 各小组成果获得大小，以及对未来能力发展的规划

评价方式

课程评价方式应涵盖本人自评、组内互评、家长评价，以及教师整体评价等内容。

评价原则

课程评价应遵循科学性、民主性和及时性的原则。

第一节 无土栽培劳动教育课堂

活动开展保证

劳动教育的顺利开展有赖于学校的资金、师资合理分配、场地的合理安排。在每学期劳动教育实践活动开展前，学校行政应做好以下准备：

（1）种植园开设无土栽培区。

（2）安排每周五上课，强调要求学生准时到达。

（3）老师相互协作配合。

（4）必要时邀请相关专业人士作指导或参加活动。

（5）学校要有电工、花工等后勤保障。

开展准备

在学校统一领导下，由指导老师组织、宣传，让学生认识无土栽培的趣味性和重要性，激发学生参与的热情。

1. 设备准备

育苗盆、种子、水培架、基质栽培盆、自动灌溉系统等。

2. 组建专题兴趣小组

在学校统筹安排下，学生可依据自觉、自愿、自主的原则，申请加入无土栽培实践小组，报学校批准后组建成立"无土栽培种植"乐趣社团。

确认五年级学生为本次劳动主体，每班选 3 名学生参加本次课程。由点带面，3 名学生带动更多的学生参与到无土栽培课程中，如参与收菜、义卖、给全班学生上课等形式。

第一学期五年级 1~5 班每班各 3 名，共 15 名；第二学期 6~10 班每班各 3 名，共 15 名。

学员讨论小组名称、小组口号、职务、分工等。根据活动需要，乐趣社团由 2 位辅导老师和 15 名学生组成。

劳动实施过程

1. 活动场地
学校植物园无土栽培区。

2. 参与成员
15 名学员，五年级 1~5 班各 3 名。

3. 活动时间和内容
每学期第 1 周至第 16 周每周五下午 4:30—5:05。

活动主要内容：根据节气变化在班级菜地里有计划、有目的地种菜，收成后把菜销售出去，并合理使用所获得利润。

4. 活动过程
（1）收集材料充分准备。

在活动开始之前，参与兴趣小组的同学可利用空闲时间，去图书馆、阅览室，或去野外、植物园、无土栽培工作站、农业局等地方，对相关知识做具体的收集整理，也可通过报纸、上网等方式进行资料查找。例如：

①无土栽培种植是什么？种植方法与传统种植有什么不同？

②如何进行日常管理和记录？

③无土栽培种植有什么特点等。

④其他困惑的问题。

（2）合理分组，细化工作。

以一学期为一周期，固定每班分配3个名额，非必要尽量不要中间调动已分配名额和职位。15个成员，每人分配一项工作，非必要尽量不要中间调动已分配工作。主要负责人每人统筹负责种植、浇水、除草、除虫、保洁、采摘、宣传、销售、财务、种子、育苗、移苗、联系、记录、摄影。做到事事有人做，人人有事做，负责人安排工作计划和落实。

3名讲解员向全班讲解无土栽培的知识。以学生为主体，分组学习，共同进步。

①号讲解员讲解内容：引入、概念、分类、展示水培、基质栽培、基质、品种、培养液等无土栽培基本知识和总体情况探究手册。

②号讲解员讲解内容：无土栽培中最难的技术和育苗失败的原因。边讲育苗过程边展示，还可以让同学们体验育苗过程。

③号讲解员讲解内容：移苗过程、滴灌介绍，以及无土栽培优点并分析；移苗后的日常管理、收菜方法和植物周期等内容。学生认真听课并做好课堂记录单。

（3）记录过程，留下印记。

学生活动：通过习作、拍照、录像、探究手册、记录单等形式记录一个学期的种植过程。

辅导老师：每天至少巡查一次菜地，若发现种植、管理等问题及时联系相关人员并处理。

（4）适时包装，体验义卖。

创新点总结

①学校在植物园设计一片无土栽培种植区。

②给社团成员每人准备一本探究手册，及时记录活动过程。

③请相关专业人士指导或参加活动。

④以点带面，学员给全班学生上课。

⑤国家课程的校本化实施。五年级科学第一单元学习的是植物的需求，对植物生长需要的五大要素比较了解。本课作为第一单元的延伸，把所学的知识运用到实际生活中。

活动反思

①学生在实践中是否对学习新知识显示出非常高的积极性。

②学生育苗为何成功率比较低。

③通过这次实践活动，学生是否学习到农业的先进科学技术，并形成较高的绿色科技种植意识。

第二节　认识无土栽培

　　无土栽培是指用水、草灰或腐叶、粪土等材质来固定植物根部，让其根系可以直接插入营养液的种植方式。

　　根据使用材质的不同，无土栽培有水培、雾培、基质栽培三种形式。

无土栽培的三种形式

水培

　　植物根系直接与营养液接触，不用基质的栽培方法。让一层薄薄的营养液持续流过植物根部，既能让植物持续获得养料、水分，又能为根系持续提供充足的氧气。

基质栽培

　　把植物的根部固定于无机或有机的材质中，采用滴灌或细流灌溉手段为植物供给水分、肥料的培植方法。

雾培

一种新型的栽培方式，它是利用喷雾装置将营养液雾化为小雾滴状，直接喷射到植物根系以提供植物生长所需的水分和养分的一种无土栽培技术。

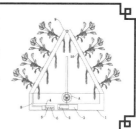

实施无土栽培的意义

站在发展的角度分析，农业的发展进步，主要体现在人类对作物生长的掌握程度上。无土栽培方法的产生，让人类在环境条件方面对作物生长的把控更为严密，这让农业活动在突破自然环境的限制方面出现了可能性，自此，农业生产完全可以依据人类的想法，朝着现代化、工厂化和自动化等方式发展。这一定能实现农产品产量的大幅提高。

从资源利用的角度分析，农田是一种非常珍贵的、不可持续生成的资源。而无土栽培技术能够把很多以前无法耕种的土地，充分进行创造性地使用，让这种一直认为不能重新得到利用的土地资源的利用价值进一步提升，这对于解决和缓解如今全球都面临的耕地严重不足的问题，意义非常重大。这一技术不仅能使很多现存的荒漠、盐碱地变成肥沃的农田，未来还能很快让太空与海洋变成我们新的经济开发区。现在有的国家已经把这一技术作为二十一世纪国家要开发的重要新兴技术产业之一来做。在日本，很多科学家都把这一最新种植技术当作研究太空种植的重要方式，大家想象中的太空农业时代，距离我们已经不再是可望而不可及的了。

从水资源方面来分析，水资源的日益减少，正成为世界各国都面临的关乎自身生死存亡的大问题。不光是缺水严重的地方，就连人口密集的发达城市，水资源匮乏的问题也日益严重。伴随着社会不断发展，人口持续增多，地球的水资源被过度利用，有些地区已经出现水源枯竭。因此，在农业生产过程中节约用水，也是一种非常有效的节源方式，而本章介绍的这种种植方法，就大大阻挡了水分的浪费与流失，非常符合现在正在大力提倡的节约用水的政策方针要求。这一方法一定能成为现代农业、旱区农业的主要耕种方式。但是这一技术在运用于实践的时候，不可避免地会出现一些问题，其中较为突出的就是花费较高、投资过多；对具体的操作人员要求也很高，参与者必须具有较多的知识储备，因此它也不是任何人、任何地方都可以顺利实施的。

从教育方面来说，在劳动过程中，孩子更能直观地体验植物产生变化的每一个细节，感受亲自参与劳动的新奇与快乐；能够掌握简单的种植劳动技巧，锻炼动手能力，培养科学探究精神；能够在劳动过程中培养管理能力、实践能力、辨析能力，能够提高语言的综合运用能力。正如美国一位教育家说的："大自然是世界上最有趣的老师，她的教益无穷无尽。"

①头脑风暴：关于无土栽培，你想学习什么？
②种植计划是什么？种植计划应包含什么？
③分享种植计划，相互提出改进计划。
④认识无土栽培种植工具。

第三节　无土栽培的育苗与移苗课

教学分析

教学目标

（1）教师讲解移苗方法和演示移苗，学生掌握移苗的技术要领。

（2）通过细心观察幼苗，了解作物生长特点，教师讲解与学生实践相结合，培养实际种植的动手能力。

（3）经历种植的过程，体会种植劳动的不易。

教学重点

掌握移苗的技术要领。

教学难点

教师讲解与学生实践相结合，培养实际种植的动手能力。

教学方法

讲授法、演示法。

课前准备

无土栽培架、基质、手册、育好的苗、移苗勺。

教学环节展示

1. 问题驱动

同学们，不久前大家亲自种下的种子，现在已经发出了绿色的小嫩芽，你们都想看看吗？大家都想让这些可爱的小苗变成绿油油的蔬菜吧。

任务一：把移苗方法记录在活动手册上。要求步骤清晰完整。

提问：穴盘中的基土不够，小苗得不到充分的水分和养料，在这节课，大家需要通过自己的劳动，把它们移栽到无土栽培的架子上。我们怎么移苗呢？

设计意图：从学生惯性思维出发，激发学生对新知识的好奇心，以及探究学习的强烈愿望。

2. 任务挑战

教师向学生示范移苗的技术要点，并提醒学生用心思考：

（1）水培移苗方法：①识别可移植的幼苗；②用勺子从边缘挖起；③放入已准备好的定植杯里；④同类尽量排一行，检查设备正常运行；⑤将完成移栽的苗贴上带有学生班级、姓名的标签。

（2）基质移苗方法：①准备育好的苗；②挖个小穴；③把苗放入穴位；④埋根；⑤压紧基质固定；⑥插好滴管（距离苗

约 10 厘米），或亲自浇水。

设计意图：老师演示移苗过程，学生认真观看并把移苗方法记录在活动手册上，加深对移苗方法的掌握。

3. 大显身手

教学过程与步骤：

任务二：小组合作移苗实践。

要求：①组长给组员分工。②动手移苗。③记录移苗时作物的生长情况。

教师巡查，对各小组的操作进行现场指导。

设计意图：通过实践体验掌握移苗方法，小组合作完成本活动，加深团队协作能力。

4. 协作创新

教学过程与步骤：

各小组相互检查移苗情况，指出不合格的地方，提出相应的改进建议,各小组根据别人提出的建议完善自己的种植计划。组员对不合格的苗进行返工。

教师对本次移苗活动进行总结。

设计意图：通过相互检查活动，培养学生倾听的好习惯和善于采纳别人建议的秉性。

5. 拓展思考

教学过程与步骤：

移苗后作物存活率如何？怎么计算作物存活率？

设计意图：引导学生关注存活率和补苗事宜。

课堂小结

（1）学生掌握移栽关键步骤。

（2）能在实践中成功移苗。

（3）经历种植的过程，体会种植劳动的不易。

移苗教学课例库

准备材料

基质：蛭石（蛭石、泥炭土、珍珠岩）。

育苗盘：叶菜常用 105 穴，果菜常用 60 穴与 72 穴。

育苗、移苗方法

①倒入适量基质。

②推平整，压出每个穴位，叶菜一般每穴放 2~3 粒种子。

③放完种子，用手轻轻推平。

④推平整后淋透水。每天早上尽可能在阳光出来前淋透水。

⑤保持光照。

⑥移苗。一般 3~5 天会发芽，长出两片子叶，当苗长出两片真叶与一芯就可以移栽了。如果觉得苗还很弱，可相应推迟几天。

（倒） （放） （推）

（淋） （照） （移）

水培移苗方法

A. 用勺子边缘挖起

B. 保留完整的根部

C. 放入已准备好的定植杯里　　D. 同类尽量排一行

基质移苗方法

①准备好已育好的苗。

②挖个小穴。

③把苗放入穴位。

④与原苗的根水平即可，不需要深埋。

⑤压紧基质固定。

⑥插好滴管（距离苗约10厘米）。

记录卡

《育苗》记录卡（示例）

班级：_____ 记录人：_____

内容	光气肥水温的情况	株高/厘米	叶子数量	存在问题	解决方法
第一天					
第三天					
第六天					
第九天					
第十二天					
第　　天					
第　　天					
第　　天					

新发现/感想：

《基质栽培》记录卡（示例）

班级：_____ 记录人：_____

内容	光气肥水温的情况	株高/厘米	叶子数量	存在问题	解决方法
第一天					
第五天					
第十天					
第十五天					
第二十天					
第　天					
第　天					
第　天					
第　天					

新发现／感想：

《基质滴灌》记录卡（示例）

班级：_____　记录人：_____

内容	光气肥水温的情况	株高/厘米	叶子数量	存在问题	解决方法
第一天					
第五天					
第十天					
第十五天					
第二十天					
第　天					
第　天					
第　天					
第　天					

新发现/感想：

《水培》记录卡（示例）

班级：_____　　记录人：_____

内容	光气肥水温的情况	株高／厘米	叶子数量	存在问题	解决方法
第一天					
第五天					
第十天					
第十五天					
第二十天					
第　天					
第　天					
第　天					
第　天					

新发现／感想：

附：课程评价（参考）

过程评价表

评价主体	评价要求	优秀	良好	需努力
同学评价	自觉养成热爱劳动的好习惯	★★★	★★	★
	负责任地、主动地、积极地完成学习任务	★★★	★★	★
	爱合作、有热情、有创造性	★★★	★★	★
教师评价	积极主动的劳动观念	★★★	★★	★
	有较好的劳动知识与技能	★★★	★★	★
	良好的安全卫生的劳动习惯	★★★	★★	★
	劳动实践过程表现优秀和有一定的成果	★★★	★★	★
家长评价	自理能力提高	★★★	★★	★
	能主动参加相关的劳动事项	★★★	★★	★
	形成劳动意识，珍惜别人的劳动成果	★★★	★★	★
合计	27~30 星表示优秀，21~26 星表示良好，10~20 颗星表示需要努力			

[无土栽培教学小视频]

第四章

我与植物共成长、
科技农业·精准灌溉课

课时安排

一学期。

课程阐释

在种植课程实施的过程中，我们发现假期没办法给植物浇水，有的同学每次的浇水量过多或过少，这些行为都严重地影响了姜科植物的生长。发现问题后，我们组建创客小组，试图寻找出解决问题的有效方法。在学校信息技术老师、数学老师及校外专业人士的指导下，我们决定利用所学的学科知识、人工智能知识，使用蓝莓种植进行实验，设计并拟定问题解决的方案，购买相关材料及器材，尝试制作一款基于人工智能技术的精准灌溉机器，并在实际的种植过程中使用此项机器，检测其性能如何。

课程目标

学校开设的精准灌溉蓝莓种植课程，是基于现代农业种植中出现的灌溉问题，通过运用一些人工智能技术，实现精准灌溉的教学过程，让孩子体会融合高科技的未来农业魅力，达到如下教育目的。

1. 知识技能提升

（1）通过对农业种植与人工智能知识的自我探究学习，获得关于未来科技农业发展的相关知识，提升综合能力。

（2）通过机器的搭建、维护，培养学生的动手能力。通过对机器的日常维护，培养学生发现与处理问题的能力，培养其计算思维和科技意识。

2. 丰富情感体验

通过体验运用科技改进传统农业种植中的不足，感知科技对未来的重要作用，使得学生从小树立科技强国的信念，培养他们的信息社会责任。

3. 锻炼小组协作能力

该项活动是在教师的指导下，同学们通过自己组成的创客小组，共同合作完成该项任务的，其过程可以极大激发学生的自主创造力，提升其小组合作能力，让他们从小就懂得热爱集体。

实施意义

（1）帮助学生了解人工智能灌溉技术的实施方法，形成正确的劳动价值观。

（2）能够熟练掌握人工智能灌溉技术的要点，进行一些相对复杂的劳动实践。

（3）通过种植过程的熏陶，使学生懂得科技发展对一个国家发展的重要性，培养学生刻苦钻研的精神，以及热爱生活、热爱国家的优秀品质，帮助学生养成良好的学习与生活习惯。

实施方略

尊重学生的主体性，让学生在老师的引导下，通过自主研究与互助合作，手脑并用地进行科学探究活动，以锻炼他们的沟通能力、实践能力，直面并处理问题的能力，并培养学生的创新精神。

（1）在教师的引导下，让学生感受种植体验的美好，激发出他们对人工智能灌溉技术的兴趣。

（2）在体验人工智能灌溉技术的过程中，引导学生及时总结人工智能灌溉的技巧及管理方式，培养学生的团体协作能力和积极探究的精神。

（3）组织学生总结人工智能灌溉技术过程的体验感受，鼓励学生用自己的方式表达出来。

（4）对学生分组实施人工智能灌溉技术的过程以及所取得的成果给予科学合理的评价，以激发学生学习探索的积极性。

（5）引导学生尝试其他种植方式，积极拓展自己更多的知识与技能，并能在小组合作中把这些知识与日常生活联系起来。

课程评价

评价内容

1. 劳动状态

（1）是否认真对待所有活动。

（2）是否尽力完成属于自己的任务。

（3）是否完成收集处理材料的工作。

（4）是否乐于沟通，积极交流，团结他人。

2. 经验收获

（1）是否敢于质疑、善于钻研、积极动手。

（2）是否善于自我检讨、反思改进。

（3）是否尊重事实、尊重别人的看法和成就。

（4）是否敢于付出、勇于面对挫折。

3. 方法的掌握

（1）是否能用多种途径获取信息。

（2）是否能遵循人工智能灌溉技术的要求进行种植。

4. 实践能力的发展

（1）是否能掌握人工智能灌溉技术的主要步骤。

（2）是否能充分发挥个人专长，为团队做贡献。

5. 各小组成果获得大小，以及对未来能力发展的规划

第一节　精准灌溉中的人工智能技术研究课堂

STEM 即 Science（科学）、Technology（技术）、Engineering（工程）、Mathematics（数学）等四门课程第一个英文字母的组合，即学习科学知识，了解世界，掌握世界万物的客观规律；而技术和工程是在遵循客观规律的前提下对事物的创造革新，以达到人与自然的和谐共生，找到社会前进路途中遇到的困境的解决办法；而数学，则是其他几门学科顺利进行的最基础保障。

STEM 课程的关键之处在于，要在学生身上强化四点教育：第一，科学教育。即能够运用物理、化学、生物和地球空间科学等方面的知识，了解自然的变化，并参与这一影响进程。第二，技术教育。能拥有管理、理解、运用和评判技术的素养。第三，工程教育。能够掌握技术类工程的设计与开发路径。第四，数学教育，能拥有发掘、阐述、评价和处理复杂状态下的数学难题的技能。人工智能的精准灌溉劳动，就是基于这样的思路，来研发和开展、完善的。

探究课堂展示

设备购买

（1）上网选购蓝莓苗和土壤。

（2）上网购买继电器、水泵、传感器等配件。

代码编写

编写 arduino 源代码，从而实现当上壤水分不足时利用水泵进行浇灌，水池缺水时打开电磁阀补充水分，实时检测当前温度、湿度。

探究的过程

1. 查找资料，形成个人观点

随着科学技术的发展，越来越多的人工智能技术走进农业领域，精准灌溉技术就是其中一种。

精准灌溉技术，是依据植物生长规律，凭借技术化的监控方法，对植物每个阶段的生长发育情况及所需的环境特征所进行的科学化监控。

2. 请教专家，掌握种植知识

通过请教林科所博士，确定了蓝莓为要种植的植物，而且掌握了蓝莓种植的相关注意事项。

3. 集体探讨，探究可行性

小组的同学们都提出了自己的想法，一起探讨了将人工智能精准灌溉技术应用于蓝莓种植的可行性。并且请教了信息技术教师，再一次明确了实施的方式是正确的，制定共同目标，分工合作。

部分资料展示

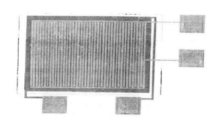

电容型土壤湿度传感器结构俯视图

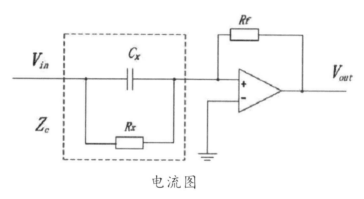

电流图

在这个实践活动中，我们可以安排轮岗"值班"，并且每天进行观察记录，发现实践中的问题。

蓝莓种植情况登记表

记录时间	泥土湿度	室外湿度	室外温度	记录人	备注
3.23	380	37	31	肖晨曦	正常
3.24	401	38	32	莫昱	保护水阀的3D打印箱子掉了
				赵承瑞	已用热熔胶枪补好
3.35	1020	39	33	莫家玮	泥太干，没浇水，不知什么问题
3.26	1022	38	31	莫昱	传感器坏了
3.29	1001	41	30	莫昱	换了新的湿度传感器，机器正常了

续表

记录时间	泥土湿度	室外湿度	室外温度	记录人	备注
4.2	690	40	30	赵承瑞	试了蓝莓好吃，火花这个品种比较爽
4.5	490	35	29	李子健	洒水直喷在固定的四个点上，水分布不均匀
4.7	350	42	31	莫家玮	换上花洒式喷头
4.8	310	43	30	肖晨曦	正常

过程总结

通过不断学习、探究、请教老师，小组迎难而上，解决了一个又一个问题，自己也得到了成长。下面对之前活动开展过程中我们学习的知识及解决的问题进行总结。

1. 机器学习

（1）采集数据：运用土壤湿度传感器采集土壤干湿度并把数据传回去；

（2）数据处理：将传回来的数据进行处理，进行识别；

（3）反复测试：导出数据，导入硬件并通过编程实现土壤湿度识别，通过动作查看识别准确率。

2. 技术实践性验证

（1）学习土壤传感器相关知识；

（2）学习模拟量的编程。

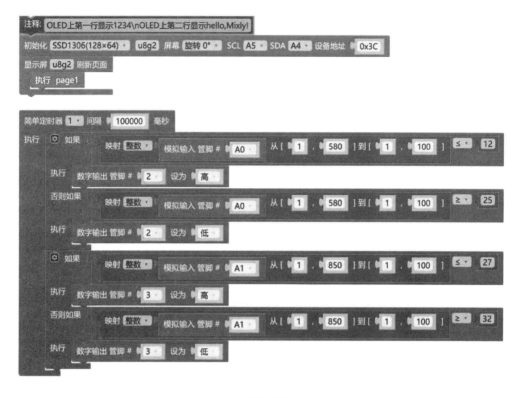

编程操作截图

3. 机械结构设计

（1）购买各种传感器和配件尝试组装；

（2）优化各种传感器的配合；

（3）需要重新建模、打印防水盒子、装置各电子元件；

（4）调试组装好的装置，完成精准灌溉机器搭建。

4. 完善功能

（1）给电子元件安装好合适"房子"；

（2）为了节约用电，断电一段时间后再通电；

（3）完成稳定性测试。

机器运转原理

　　本实践案例通过人工智能技术实现精准灌溉，主要解决以往人工经常忘记定期浇水问题，并且不能根据土壤干湿度，准确判断植物需要的水量问题。因此引进了"土壤湿度检测"传感器（见图1），判断土壤的干湿度。当显示土壤湿度干燥时，则通过触发水桶里的水泵（见图2），开始抽水，为蓝莓灌溉；当检测到湿度达标时，则自动关闭水泵，停止灌溉，从而实现精准灌溉，同时也节省了浇水的人力。

图1　土壤湿度传感器　　　　　　　　图2　水泵

　　此外，为了让水桶实现自动化装水的功能，引入了两个液体传感器（见图3）。当桶里的水低于下方传感器时，则触发打开水阀（见图4），开始往桶里注水；当水位到达上方传感器时，则触发关闭水阀。

　　最后，在实践的过程中，又增加了一个液体传感器及计数器，实现了精确统计每天灌溉水量的问题。

图 3　液体传感器

图 4　水阀

5. 成果

（1）经过在实验环境下不断尝试，精准灌溉技术能够准确识别到土壤中的水分，并且对土壤进行自动浇灌；

（2）通过组建机器，锻炼了组内同学的实践能力。通过机器的日常维护，提高了大家提出问题、直面问题与处理问题的水平，同时又拓展了学生的知识面，提升了综合素养。

课程实施总结与反思

以往实施案例存在的问题

人工智能精准灌溉技术是实用的，但不完全好用。

1. 灌溉水量问题

在机器设计组建以及之后的实践阶段，需要灌溉的水量没有被纳入计量范围，因而无法确认蓝莓植物所需的水量。

2. 土地温湿度传感器不耐用

在实验环节，我们理想地认为普通土壤温湿度传感器会很实用，但后来发现此传感器的耐用性不强，长期检测土壤湿度容易导致金属片磨损，从而检测不到土壤的湿度，导致得到的数值总处于干燥程度，使水泵不停地运作。

3. 出现问题频繁

目前人工智能精准灌溉系统还处在需要一个专人检查问题的阶段，远远没有达到不出现问题的目标。

未来的改进与研究方向

今后，大家首先会着重解决稳定性与操作方面的问题，在机器的设计环节纳入环境因素，降低机器在实际操作中的复杂程度。通过积累知识经验，掌握更前沿的科学技术，进行真正无人化管理的实践活动，让这种先进的灌溉方式，真正实现为民解困的目标。

第二节　基于智能灌溉技术探究的蓝莓种植课

人工智能与精准灌溉

1. 用于解决问题的人工智能技术

我们选择使用人工智能精准灌溉技术，制作一款免人工浇水，根据土壤干湿度自动进行精准灌溉的过程。

2. 该项人工智能技术简介

依据土壤的水分含量，可以得知土壤的相对湿度，从而精准掌握其还有多少持水量，这在灌溉方面很有参考价值。含水量的多少会改变土壤的温度，而土壤的松散度和有机物分解度，是土壤所含微生物保持活性，以及植物正常成长的先决条件之一。

人工智能精准灌溉技术在蓝莓种植过程中，节省了每天负责浇水的人力，以及解决以往人工浇水时，不能根据土壤干湿度准确判断植物需要的水量问题，从而引进了"土壤湿度检测"传感器，判断土壤的干湿度。当显示土壤湿度不达标时，则通过触发水桶里的水泵，开始抽水，为蓝莓浇水；当湿度检测传感器检测到湿度达标时，则自动关闭水泵，停止浇水，实现精准灌溉。

（1）问题探究：通过学习，了解蓝莓的生长条件、土壤的需求、种植方法等；

（2）原理储备：向信息技术老师请教工作原理以及了解能够实现功能的传感器等配件。

认识蓝莓

蓝莓（学名：Vaccinium uliginosum L），杜鹃花科越橘属植物。

蓝莓一种是低灌木，矮脚野生，籽粒不大，花青素含量丰富；第二种为人工种植的蓝莓，能成生长至240厘米高，果实很大，果肉很厚，提高了野生蓝莓的食用口感，增强了人体对花青素的吸收。这种植物常见于海拔 900~2300 米的针叶林、沼泽、苔原、山丘和牧场等地方，是石楠灌丛的主要植被之一。它原生长在欧美和东亚地区，身影遍布俄罗斯、朝鲜、日本等国，还有我国黑龙江、内蒙古以及吉林长白山等区域。

蓝莓为一种小浆果，果子呈蓝色，颜色鲜艳，且果皮上裹着一层白果粉，蓝莓的种子非常小、肉质细腻。果子平均重量为 0.5~2.5 克，最重的为 5 克，甜酸味美，而且带有非常宜人的香味儿，并有着 100% 的食用率，深受人们的喜爱。

种植要点

1. 气候条件

蓝莓若想生长到开花结果，首先需要储存足够的冷量，蓝莓对土壤要求较高，需要 PH4.5~5.5 的酸性沙壤土，不过对气候要求不太高，我国大部分地区都有适合种植的品种或者模式。而我们所说的储冷量，指的是蓝莓对适合其生长的地域的气候条件的需要，通常来说，这样的地方必须有一些天数的温度在 7.2℃；蓝莓的种类不同，对气候的需求也是有差异的，比如高灌蓝莓在零下 30℃ 的环境下生长状态良好，但半高灌蓝莓的最适宜的生长环境则为零下 38℃；矮灌蓝莓更易于栽种，它在环境温度零下 40℃ 以上时均可以正常生长。这也表明，我们在栽种蓝莓时，要依据我们挑选的蓝莓种类来确定种植方法。

2. 土壤土质要求

土壤土质的要求是蓝莓种植最基本的条件。首先是蓝莓种植地的地势要平坦、坡度较小；其次是光照充足，种苗附近不要有遮挡物；再次是土壤酸碱度为微酸性，用这种土壤种植蓝莓成活率更高，而且品质会更好；最后是种植蓝莓的土壤透气性要好，排水与保水性能优越，土壤肥分足，缺乏营养的土壤，不利于蓝莓的生长。

3. 水肥需求

蓝莓种植对水肥的需求非常严格，一般在蓝莓植株附近水源要充分优质，而且取水方便。蓝莓生长所需要的肥量不是很高，所以土壤的养分含量不能太高，否则将会不利于蓝莓成长。但这并不是说蓝莓不养料，而是它的生长需要适量的养分。我们只需适度改良一下土壤，合理加入沙土、锯末、腐土、草木炭等。

三阶课程实施过程（范例）

第一阶段（2~3月）　研讨．论证、准备

日期：2月22日。

参与组员：莫家玮、莫昱、肖晨曦、赵承瑞、李子建。

主要工作：讨论解决问题的方法，比如引入哪种人工智能技术、选取哪种植物种植等。

收获总结：经过讨论决定引入人工智能精准灌溉技术。选取栽种哪种植物这个问题，准备去请教林科所的专家。

日期：2月24日。

参与组员：莫家玮、莫昱、肖晨曦、赵承瑞、李子建。

主要工作：请教林科所博士种植哪种植物以及如何种植等问题。

收获总结：通过博士的建议，决定种植蓝莓，因为蓝莓即将到结果期，现在种植便于很快就能观察到整个结果的过程。

日期：2 月 25 日。

参与组员：莫家玮、莫昱、肖晨曦、赵承瑞、李子建。

主要工作：上网购买蓝莓。

收获总结：经过线上与线下购买渠道的对比，发现线上网店蓝莓价格便宜、选择多，是较好的购买渠道。

日期：2 月 26 日。

参与组员：莫家玮、莫昱、肖晨曦、赵承瑞、李子建。

主要工作：上网查找种植蓝莓的土壤要求。购买种植蓝莓所需要的土壤。

收获总结：创客小组的同学们发现，种植蓝莓需要专门的土壤，这里面还有这么多的讲究，突然觉得自己知识太匮乏了。

日期：3 月 1 日。

参与组员：莫家玮、莫昱、肖晨曦、赵承瑞、李子建。

主要工作：向学校申请一块蓝莓种植区域用于实验。得到学校的同意后，将购买的土壤按照比例配置好，开始种植。

收获总结：学校领导很支持创客小组的实验，特意在植物园划分出一块专门的种植区域。同学们立马动工，突然下起的细雨丝毫未影响同学们劳动的热情，顺利地将蓝莓种下。

日期：3月2日—5日。

参与组员：莫家玮、莫昱、肖晨曦、赵承瑞、李子建。

主要工作：信息技术老师为创客小组的学生讲解利用人工智能技术实现精准灌溉的技术知识。

收获总结：同学们都很认真地学习，并且表现出了浓厚的兴趣，比如研究土壤传感器工作原理、电压转换原理等。

日期：3月8日。

参与组员：莫家玮、莫昱、肖晨曦、赵承瑞、李子建。

主要工作：邀请东莞中学高中部创客小组的哥哥姐姐过来指导交流。

收获总结：高中的哥哥姐姐耐心地为同学们讲解种植过程中的注意事项，比如在种植蓝莓过程中，到底泥土干湿度达到多少可以灌溉，达到多少就停止灌溉……创客小组认真吸取宝贵经验。

日期：3月9日—13日。

参与组员：莫家玮、莫昱、赵承瑞、李子建。

主要工作：编写精准灌溉机器需要的代码模块。

收获总结：在老师和家长的指导下，编写好了模块代码。

日期：3月14日。

参与组员：莫家玮、莫昱。

主要工作：确定制作该机器需要购买的配件。

收获总结：经过小组商量，最终上网购买了一个土壤湿度

传感器，两个液体传感器，一个温湿度传感器，两个继电器，一个 12V 水泵，一个 12V 电磁阀，一个 12V 电源，一块 OLED 屏幕，一块控制板，一个 12V 转 5V 电源。

第二阶段（3~4 月） 利用技术开展种植

日期：3 月 16 日。

参与组员：莫家玮、莫昱、肖晨曦、赵承瑞、李子建。

主要工作：在老师的指导下，开始搭建精准灌溉机器。在搭建过程中，因为机器中电磁阀、继电器、水泵 OLED 屏幕、控制板都不防水，所以不得不暂停。创客小组合议，给机器搭建防雨的箱子。

收获总结：创客小组开始利用 3D One 软件进行建模。建模后，开始打印盒子。由于学校创客室的打印机不是工业级别的，所以打印的时间较长，大概需要 26h。

日期：3 月 17 日—22 日。

参与组员：莫家玮、莫昱、肖晨曦、赵承瑞、李子建。

主要工作：盒子打印完成，大家合力将不防水的硬件装置完成。

收获总结：经过两天的努力，机器基本搭建并且调试完成，可以正常运作。同学们高兴得手舞足蹈。

日期：3 月 23 日。

参与组员：莫昱、肖晨曦。

主要工作：创客小组分成三组，轮流执勤。各小组执勤当天上午 9:45 到 10:20（大课间），观察蓝莓种植情况，并记录泥土干湿度、空气湿度和空气温度。

收获总结：周一、周三、周五由莫昱和肖晨曦负责观察。周二和周四由莫家玮和赵承瑞负责观察。周六、周日由李子建负责观察。今天周四由莫家玮和肖晨曦两位同学负责观察记录。

日期：3 月 24 日。

参与组员：莫昱、肖晨曦、赵承瑞。

主要工作：用来保护水阀防水的 3D 打印箱子掉了。

收获总结：学习使用热熔胶枪，锻炼了学生动手能力和解决问题的能力。

日期：3月25日。

参与组员：莫家玮、肖晨曦。

主要工作：发现泥土比较干，查看泥土干湿度数据显示1020，已经严重超标，但机器没有灌溉。

收获总结：通过查找没发现哪里出了问题，组织创客小组所有成员开会。面对问题毫无头绪，大家都很担心。

日期：3月26日。

参与组员：莫家玮、莫昱、肖晨曦、赵承瑞、李子建。

主要工作：针对上一天发现泥土干燥，机器没有灌溉的问题。莫昱将湿度传感器从泥土拔出来，置于干燥空气中，显示干湿度为1020，接着用容器装水，并将传感器置于水中，仍然显示干湿度为1020。

收获总结：通过实验猜想干湿度传感器损坏。

日期：3月29日。

参与组员：莫昱、肖晨曦。

主要工作：买来新的干湿度传感器，动手置换。

收获总结：干湿度传感器换好后，机器运转正常了。解决问题后大家都露出欣慰的笑容。

第三阶段（4~5月）　成果分享及解决实际问题

日　期：4月2日。

参与组员：莫家玮、莫昱、肖晨曦、赵承瑞、李子建。

主要工作：同学们开始采摘成熟的蓝莓，并送给校长和老师品尝。

收获总结：校长和老师纷纷表示味道很好，大力表扬了创客小组，并且鼓励创客小组再接再厉，创客小组成员体会到收获和分享的快乐。

日期：4 月 5 日。

参与组员：李子建。

主要工作：发现浇水一直只浇固定的几个位置，造成土壤湿度不均匀。大家商讨解决方案，决定更换成花洒式喷头。

收获总结：解决了浇水只浇固定位置的问题。

日期：4 月 7 日。

参与组员：莫家玮、莫昱、肖晨曦、赵承瑞。

主要工作：网上购置的花洒式喷头到货，组织大家更换新的喷头。

收获总结：更换新的喷头后，看着能够灌溉到泥土的各个位置，同学们产生了成就感。

日期：4月8日。

参与组员：莫昱、肖晨曦。

主要工作：肖晨曦提出，机器每天会自动灌溉，到底每天灌溉了多少，灌溉的过程中会不会出错，我们无从得知。

收获总结：为了能够统计每天灌溉的水量，通知了小组成员，第二天集中探讨该问题的解决方案。

日期：4月9日。

参与组员：莫家玮、莫昱、肖晨曦、赵承瑞。

主要工作：向老师请教解决问题的方案。

收获总结：经过讨论和请教老师，得出解决方案：在装水的桶边增加液体传感器，连通计数器，每一桶水灌溉完成后，便会触发液体传感器，从而计数器面板显示出数据。这又是一

个运用人工智能解决种植问题的大胆想法，同学们表现出了极大的热情。

日期：4月10日—12日。

参与组员：肖晨曦。

主要工作：肖晨曦负责编写计数器计数功能需要的程序代码。

收获总结：肖晨曦经过和爸爸共同探讨，编写的代码终于实现了预期目标。

日期：4月13日。

参与组员：莫家玮、莫昱、肖晨曦、赵承瑞。

主要工作：购置的液体传感器和计数器到齐，同学们开始安装调试。

收获总结：经过一个下午的调试，终于搞定了。看着自己的劳动成果能够如期运转，同学们产生了满满的成就感。

日期：4月19日。

参与组员：莫家玮、赵承瑞。

主要工作：赵承瑞在巡查中发现了干湿度显示800多，达到了灌溉的标准，但是机器一天都没有灌溉。

收获总结：两个人开始排查问题。排查了干湿度传感器、是否停水，均未发现异常。折腾了一个下午都没能解决问题，随即通知小组成员第二天集中探讨解决方案。

日期：4月20日。

参与组员：莫家玮、莫昱、肖晨曦、赵承瑞。

主要工作：解决不灌溉的问题。

收获总结：小组讨论后，决定每个人负责检查一个部件看是否有异常。当赵承瑞检查装水和水泵的水桶时，发现了水泵一直发出正常抽水的声音，但是并没有水抽出，顺着水管和水泵检查，发现两个水管接水泵处断开了。通过将两者重新连接起来，开始正常灌溉水了。

附：课程评价（参考）

教师根据任务完成情况以及课堂发言等情况，对学生的表现行为做整体性的评价，评价应遵循科学性、鼓励性、及时性的原则，评价方式有教师讲评、全员互评、组内互评、个人自评等，评价应包括课程准备、上课发言、学习态度、探究态度、收获多少、小组协作能力等多个方面，其中的科技探究精神，应作为课程评价的重要条件。

[蓝莓种植日志——基于人工智能技术的精准灌溉实践活动视频]

第五章 我与植物共成长、家校共育·阳台种植课

课程阐释

在学校开展种植绿色蔬菜的劳动实践体验，对学生来说不仅是一次非常新鲜的体验，同时也可以让他们通过这种参与种植和管理的整个过程，掌握一些植物生长的规律、用途和价值，获得相关的蔬菜种植知识，增长见识，开阔眼界，得到丰富的劳动种植经验，以及提升综合能力。在学校开展新劳动教育的同时，家庭也可以参与进来，让家校共育在新劳动教育中，发挥应有的协同作用。

课程目标

（1）通过种植劳动的实践，掌握蔬菜种植与管理的基本方法，了解农作物生长的基本过程。

（2）通过种植劳动的实践，丰富学生的知识量，培养学生的动手能力，使他们得到一定的劳动体验，掌握基本的劳动技能，增进亲子关系。

（3）通过日常种植劳动的实践，激发学生自主学习的积极性与创造力，帮助他们树立科学的劳动价值观，养成良好的劳动习惯以及热爱劳动的优秀品格。

（4）通过种植劳动实践，让学生体验协作的意义，培养其与他人合作的能力。

课程重难点

重点：如何移栽植物，以及移栽后如何管理与养护。

难点：掌握蟹爪兰的种植及管理方法，写好观察日记，注意其生长变化情况，摸索出种植诀窍，进而掌握其他花卉的种植与管理技巧。

教学方法

在种植体验的过程中，充分尊重学生的自主探究权，教师只是起到引导和辅助的作用，要在关键时刻鼓励学生大胆向经验丰富的人请教。学生在老师或家长的指导下做好充分准备，制定出可行性的计划之后，教师或家长应尽量让学生自己付诸实施，或在小组合作的基础上进行实践工作。

课程评价

白菜种植完成后，教师根据学生的完成情况进行总体评价，评价应遵循科学性、鼓励性、及时性的原则，评价方式应包括教师评价、全员评价、组内互评、个人自评等，评价内容应包括学生的课程准备、劳动态度、完成情况、收获大小、小组协作能力等多个方面。

第一节　阳台种植知多少

教具准备：关于阳台种植蔬菜的视频资料、图片、种植资料。

学具准备：学生收集的关于阳台种植蔬菜的资料、图片。

教学过程

（1）教师说明：受条件的限制，对生活在城市的人们来说，就很难体验蔬菜的种植过程。但是如今，不少住在城市的人们开始在阳台栽种蔬菜或花草。为此，我们专门设计了阳台种植的课程，以帮助大家了解蔬菜种植以及阳台种植蔬菜的技巧。

（2）老师和大家一起观看阳台种植蔬菜的视频和图片。学生要边看边思考，特别是家里阳台上种有蔬菜的同学，更要想一想：家里人平常是怎样管理这些蔬菜的？激发学生的探索研究新事物的兴趣。

（3）学生展示：教师让学生展示他们收集到的关于阳台种植的资料和图片，并说一说在阳台上种植蔬菜的好处，以及阳台种菜的一些方式方法，可以让家里阳台种了蔬菜的同学和大家分享一下自己所了解的阳台种植的相关知识。

（4）教师总结：根据收集到的资料及大家分组讨论的结果，作出补充和总结。

①阳台栽种的优点：A. 不但可供观赏，还可以让自己品尝绿色蔬菜的美味。B. 可增加室内空气的含氧量，稀释室内影响健康的物质的气体含量。C. 可以改变室内湿度，让家中环境更宜居。D. 可以修身养性、陶冶情操，还能激发人劳动的热情与欲望。

②阳台栽种蔬菜技术要领：A. 容器：挑选深约20厘米的器皿，花盆、花缸均可。B. 排水：不管选择哪种容器种植蔬菜，都需在容器底部周围钻几个直径1厘米的排水孔。

③土壤：可选择有机营养土，也可以依据品种选择适合该类蔬菜的专用营养土。

④肥料：可选用传统肥料，也可使用营养液，根据蔬菜种类选择合适的有机肥料。因为阳台栽种的目的是吃上健康蔬菜，所以我们要尽量避免施用化肥农药，而是选择一些有机物质种菜，比如可以用淘米水、鸡蛋壳、果皮、厨余垃圾等材质制作有机堆肥，这样你所种植的蔬菜就是纯天然、无公害的绿色食品了。

⑤适合栽种的品种：成熟期短的油菜、蒜、苗菜、芥菜、油麦菜等；生长期长的番茄、豆角、辣椒、茄子等；占地少的萝卜、蒜苗等；种植简单的丝瓜、胡萝卜、生菜、大青菜等；不易招虫的葱、韭菜、芫荽、芦荟等。

（5）根据以上总结，教师提出这次课程要实践的内容——阳台种植大白菜。教师给学生布置接下来的课程实施任务，组织学生通过自愿或抽签的方式分成不同的兴趣小组，共同了解大白菜种植的相关资料和技巧，并制定详细的课程计划，为以后的课程实践做充分的准备。

第二节　一起来学种白菜

教具准备：与白菜相关的视频或资料；阳台种植白菜的视频或图片。

学具准备：学生搜集的关于白菜与白菜种植的相关知识。

教学过程

（1）引入课程主题。教师先让学生观看与白菜和白菜种植相关的视频与图片，让大家先熟悉一下白菜这种植物，以及种植白菜需要注意哪些方面的内容。

（2）学生讨论。让学生根据观看内容，结合自己搜集的材料，说一说自己对白菜又有哪些了解，并讨论总结种植白菜的方式方法。

（3）问题总结。教师根据大家讨论后汇总的信息，对前面的知识进行总结和讲解。

白菜的种植历史及典故

白菜被人们誉为"菜中之王"，属十字花科，它原产于中国北方，后来在全国广泛种植，北方人喜欢叫它大白菜，南方人喜欢称其黄芽菜。十九世纪，白菜被传播至其他国家。白菜属于叶子宽大的蔬菜，下部呈白色，往上为奶白或淡黄色，叶片一层一层包裹成一个结实的圆柱体，里面的叶子因为遮挡不见太阳，颜色为浅黄或淡绿色。白菜在我国的种植历史非常悠久，宋朝诗人杨万里在《菜圃》一诗中这样描写白菜："看人浇白菜，分水及黄花。"白菜有非常丰富的寓意，如因其颜色而寓意清清白白、长长久久，又因为谐音"百财"而蕴含聚财、招财之意，而"摆财"更意指财源滚滚、金钱多得用不完。所以其内涵雅俗共赏，很容易为大多数人接受。

白菜的生长习性

①白菜极为耐寒，适合在冷凉的天气里生长。

②白菜在温度低于零下3℃时生长缓慢，在气温低于零下11℃时极易冻伤，非常不耐低温。

③白菜不适合种植在容易漏水漏粪的沙土地中，也不适合种在排水性能差的黏土地中。它适合生长在保肥、保水、有机物丰富的壤土地、沙壤土地及黑黄土地中。

④白菜自11月底左右生长就极为缓慢，即将迎来收获期。为防止冻伤，白菜应在温度过低之前，也就是12月初尽快采摘。

白菜的种植方法

①装土。拿出事先准备好的种植白菜的容器（花盆、花缸、泡沫箱等均可），然后向容器内倒入适合白菜生长的沙土。

②播种。用尺子测出 10~15 厘米的间隔，挖出一些浅沟，再以 5 厘米的间距播种，每个地方丢播 3~4 粒种子，播种完毕，在种子上面铺上薄薄一层土，轻轻按压，然后浇水至容器下方有水渗出为止。

③疏苗。白菜播种后一星期左右，菜苗基本出齐，这时我们需要拔除生长情况较差的幼苗，每个地方留 3 株幼苗。两个星期后保留 2 株幼苗，三个星期后保留 1 株幼苗（友情提示：这些被提前拔掉的幼苗也是可以拿来吃的，而且十分鲜嫩可口）。

④水分管理。在整个生长过程中，白菜的幼苗芽体都需要足够的水分保持湿润。所以白菜播种后直到幼苗直立生长前，每天都需要喷洒补水 2~3 次，幼苗直立生长后一直到收获前，需要的水分要逐步增加，每天需要浇水 3~4 次。每次需要的水量以使幼苗全部淋湿，同时土壤也湿透为止，但要注意不能使容器底部存有积水。

⑤采收。白菜播种大概五个星期后，大约长到 15 厘米时，就可采收了。

（4）教师总结。教师对这堂课所讲的内容做归纳汇总，要再着重强调一下关键内容，以加深学生的记忆。组织学生针对阳台种植白菜列出详细的计划表，并根据本节课的学习，搜集更多关于白菜种植的技巧，为下节课的种植实践做好充分的准备。

（5）课程总结。教师根据学生及各兴趣小组的表现，对这次的实践活动作出总结，并指导学生列出白菜后续种植的规划表，详细记录白菜生长的全过程，以及自己种植白菜的心得体会。

第三节　白菜丰收后

教具准备：与白菜相关的菜肴做法的视频或图片。

学具准备：学生搜集的关于白菜做法的菜谱和图片。

教学过程

（1）教师根据白菜最终的生长情况，以及学生在种植体验过程中的表现，评选出"最佳种植小组""最佳种植小能手""种植进步之星"等。评选可采取根据种植过程中的评价结果与采摘后集体投票相结合的方式，投票遵循公开、公正、民主的原则。

（2）课程拓展：教师播放白菜做法的相关视频，学生观看后，再结合自己搜集的关于白菜的菜谱，选择其中的一种做法，进行一场"我是小小美食家"的厨艺大比拼活动。

白菜的家常做法

凉拌白菜

主料：白菜 200 克。

辅料：虾米 30 克。

调料：香油、醋、盐、味精、大蒜适量。

做法

①将白菜心洗净，切成细丝；

②海米（虾米）洗净备用；

③蒜切成末；

④把香油、味精、蒜、盐、醋、海米倒入白菜丝里拌匀。

醋熘白菜

主料：大白菜心 500 克。

辅料：辣椒、盐、味精、白糖、醋、葱姜、香油、湿淀粉、猪油适量。

做法

①把白菜、辣椒切成长条。

②锅热倒入猪油，倒进葱、姜炒出香味，然后把白菜放入锅里，大火煸炒约 30 秒，放盐、糖醋、味精，接着倒入辣椒炒 1 分钟左右，用湿淀粉勾芡，最后倒入香油即可装盘。

白菜炖豆腐

主料：五花肉 60 克、白菜 200 克、豆腐 200 克。

辅料：香菜 4 棵、八角 1 个、姜 10 克、葱 10 克、生抽 10 克、鸡精 2 克、食盐 1 克、香油 2 克、花生油 30 克、开水适量。

做法

①白菜手撕成大片，豆腐切成 2 厘米方丁，五花肉切成薄片，葱切葱花，姜切片备用。

②花生油倒入锅中烧热，倒入五花肉翻炒出香味，加入八角、葱、姜继续煸炒。

③放入白菜、生抽翻炒。

④白菜稍软后加入适量清水，与豆腐一起慢炖 15 分钟左右，加入盐和鸡精调味，出锅时加入香菜即可。

为了深化这次种植体验的教育意义，教师可以组织学生总结这次种植白菜体验过程中的收获，可以以图片或文字的形式，形成总结报告或写下自己的感想，最后选出优秀作品进行展出。

（3）活动总结。其实，适合阳台种植的蔬菜有很多，通过这次阳台种植白菜的课程实践，学生已经基本掌握了阳台种植蔬菜的方法，教师可引导学生进行其他蔬菜的种植，这样不仅能拓展孩子在种植蔬菜方面的技能，还能帮助学生养成热爱劳动的习惯，培养其创新思维能力。此外，生活中有很多不喜欢吃青菜的孩子，通过这种种植劳动体验，能让孩子慢慢喜欢吃蔬菜。

第·六章

我与植物共成长、领域拓展·校外耕种课

第一节　课程范例：校外耕种实践活动方案

指导思想

为了大力推进素质教育，促进学校综合实践课程的全面开展，锻炼学生的劳动能力和实践能力，让学生的动手能力与思考探究能力得到共同发展，培养学生科学的劳动观和吃苦耐劳的优秀品质，现结合我校实际情况特制订本方案。

活动目标

（1）了解所种农作物的生长状况、熟悉主要农作物的播种、管理、收获的基本方法，掌握基本种植知识和劳动技能，拓展学生学科知识领域和综合素质。

（2）培养学生科学的劳动观、勤俭节约、吃苦耐劳、努力学习的优秀品质。

（3）体验合作劳动带来的收获和喜悦，增强学生的社会责任感和社会交往能力。

活动地点、时间和人员

地点：东莞市金谷现代生态农业观光园。

时间：一个月（10月中旬—11月中旬）

活动人员：五、六年级的老师、家长、学生

劳动内容

每班种 3~4 种农作物，每个学生都要体验播种、管理（浇水、拔草、施肥等）、收获的整个劳动过程。

实施办法

1. 确定"一分耕耘，一分收获"劳动实践活动主题

（1）耕作基地费用由学校负责，交通费由家长负责，由老师与家长共同策划活动。

（2）每班有四块固定的劳动基地，以亲子耕作实践为主，可分成 4~8 个小组开展活动，每个小组负责一块基地。

2. 实践时间安排

第一次 10 月 20 日：上午单班去实践、下午双班去实践。

第二次 10 月 29 日、30 日：29 日 3 班、5 班、6 班、8 班，30 日 1 班、2 班、4 班、7 班。

第三次 11 月 16 日—24 日：上午单班去实践、下午双班去实践。

成果展示：11 月 30 日全级耕作实践及成果图片展示活动（可以展示在班级走廊）。

3. 实践活动要求

活动前

①师生确定耕作基地实践活动主题，形成活动方案。

②活动前做好安全教育：A. 做好上下车和乘车安全的教育；B. 做好安全使用工具的教育；C. 做好实践过程中的安全教育；D. 做好其他活动的安全和纪律教育。

③老师要提前指导学生自主合作收集整理所种农作物的生长情况和劳动步骤。

④要提前一周与农场做好沟通工作，联系好技术指导员，沟通耕作实践内容和劳动工具的数量以及开展其他项目等，做好活动的前后准备工作。

活动中

①加强动态管理，及时对乘车秩序、上下车安全（班主任要清点人数）、劳动安全进行管理和教育，及时记录和总结学生的出勤情况，以及劳动态度、安全、纪律、学习和技能提升等情况。

②活动过程要注意拍照等资料的收集。

③在活动总结阶段，引导学生以实地评比、图片评比等多种形式进行展示汇报。活动结束一周后将相关资料上传德育处。

活动后

①整理活动过程资料，引导学生以多种形式进行展示汇报。

②及时做好活动反思、总结和评价。

③活动结束一周后将活动资料上传科组资料库。

成果分享

（1）成果展评方式：做材料展览、汇报、手抄报等。

（2）所有学生及个别家长分享：收获、体会、不足。

第二节　课程范例：亲子耕作探究活动方案

指导思想

　　为了全面贯彻素质教育方针，充分发挥家庭育人效果，让家长共同推动小学劳动教育活动课程的深入进行，提高学生动手能力和实践能力，让学生的动手能力与思考探究能力得到共同发展，培养学生科学的劳动观和吃苦耐劳的优秀品质，结合学校实际情况特制订本方案。

活动目标

（1）了解所种农作物的生长状况，熟悉主要农作物的播种、管理、收获的基本方法，掌握基本种植知识和劳动技能，拓展学生学科知识领域和综合素质。

（2）培养学生的劳动观念和吃苦耐劳、艰苦奋斗、勤俭节约、奋发学习的精神。

（3）体验合作劳动带来的收获和喜悦，培养亲子感情，增强学生的社会责任感和社会交往能力。

活动地点、时间和人员

地点：东莞市金谷现代生态农业观光园。

时间：一个月（10月中旬—11月中旬）。

活动人员：六年级的老师、家长、学生。

劳动内容

每班种3~4种农作物，每个学生都要体验播种—管理（浇水、拔草、施肥等）—收获等整个劳动过程。

实施办法

1. 劳动实践形式

（1）耕作基地费用由学校负责，交通费由家长负责，由老师与家长共同策划活动。

（2）每班有四块固定的劳动基地，以亲子耕作实践为主，可分成4~8个小组开展活动，每个小组负责一块基地。

2. 实践时间安排

第一次10月20日：上午单班去实践、下午双班去实践。

第二次10月29、30日：29日3班、5班、6班、8班，30日1班、2班、4班、7班。

第三次11月16日—24日：上午单班去实践、下午双班去实践。

成果展示：11月30日全年级耕作实践及成果图片展示活动（可以展示在班级走廊）。

3. 实践活动要求

活动前

①老师要指导班亲会并按照劳动课程标准要求，确定耕作基地实践活动教学计划，提前一周把方案和实践前的教育PPT上交到德育处。

②活动前做好安全教育：A. 做好上下车和乘车安全教育；B. 工具使用安全教育；C. 劳动过程的安全教育和注意事项；D. 其他活动的安全和纪律教育。

③老师要提前指导学生了解所种农作物的生长情况和劳动步骤。

④要提前一周与农场做好沟通工作，联系好技术指导员，

沟通耕作实践内容和劳动工具的数量以及开展其他项目的准备等，做好活动的前后准备工作。

活动中

①加强动态管理，及时对乘车秩序、上下车安全（班主任要清点人数）、劳动安全进行管理和教育，随时对学生的劳动出勤、劳动纪律、劳动态度、劳动安全、劳动的学习和技能等做管理、记录和总结。

②活动过程中要注意拍照等资料的收集。

③在活动总结阶段，引导学生以实地评比、图片评比等多种形式进行展示汇报。活动结束一周后将相关资料上传德育处。

活动后

①及时做好活动反思、总结和评价。

②收集活动过程资料，引导学生以多种形式进行展示汇报。

③活动结束一周后将活动资料上传德育处。

成果分享

所有学生及个别家长分享收获、体会及不足。

第三节　活动流程范例

范例一

活动阶段	活动时间	活动地点	活动工作安排	学校工作安排
活动前	10月20日前	农场	1. 种子、劳动工具准备（农场）。 2. 辅导员培训（农场）。 3. 讲授的地点、音响设备准备（农场）。	提供学生家长义工、带队老师名单并通知到位。
		学校	1. 搜集、查找资料（学生）。 2. 学生分组安排（老师）。 3. 小组劳动牌的制作（学生）。 4. 每班分4大组。种植的种子分别是小白菜、生菜、芹菜和香菜。	教师提前上好安全教育和种植的开题课。
活动中	10月20日	农场	12:40 校门口集合。 12:50 有序地乘坐大巴。 1:30 到劳动场地，听讲解种田流程以及注意事项。 2:20 小组长去领劳动工具（锄头、水壶）、种子。 2:30—3:30 学生根据要求开始锄地、播种、浇水。 3:40 拍大合照、返回学校。 **作业布置：**填写活动记录表，以及劳动带给我们的收获。	1. 整队集合。 2. 协助管理。
注意事项	10月20日		1. 集队上下车的安全。 2. 使用劳动工具的安全。 3. 打水浇地的安全等。 4. 当天提醒学生穿防滑的鞋子、带水壶和太阳帽。	正、副班主任。

范例二

活动阶段	活动时间	活动地点	活动工作安排
活动前	11月20日前	农场	联系农场主确定时间
		学校	1. 做好安全教育。 2. 准备好收菜的袋子。 3. 需要义卖的班级做好宣传海报，准备绑菜的绳子。
活动流程	11月21日	农场	上午11:40：1班、2班、6班、8班出发 11:40 校门口集合。 11:50 有序地乘坐大巴。 中午12:30 到劳动场地，听讲解收菜流程及注意事项。 12:50—3:00 小组长领小组组员去收菜。 3:10 拍大合照、返回学校。 中午12:40：3班、4班、5班、7班出发 12:40 校门口集合。 12:50 有序地乘坐大巴。 1:20 到劳动场地，听讲解收菜流程及注意事项。 1:40—3:40 小组长带领小组组员去收菜。 3:50 拍大合照，返回学校。 下午4:30前1班、2班、4班、6班、8班在学校东门摆好摊位，做好卖菜的准备。 **作业布置**：填写活动记录表以及劳动带给我们的收获（可以是日记形式记录整个活动的收获和不足）。
注意事项	11月24日		1. 集队上下车的安全。 2. 当天提醒学生穿防滑的鞋子、带水壶和太阳帽。 3. 正、副班主任管理学生。

学生耕作感悟及劳动掠影

泥水也不怕

耕作活动成果照片

拔河进行时

撕名牌

耕作活动心得体会

本次耕作活动，学生收获很多，不仅亲身下田感受耕作的乐趣，还自己下厨，与家人分享劳动成果。这是几位学生的心得体会与感想。

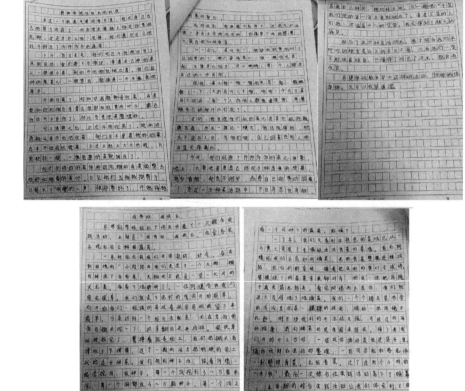

学生心得与感想

学生范文

"我劳动，我快乐"耕种实践活动总结

金秋时节，硕果飘香。2016 年 11 月到 2017 年 1 月莞城英文实验学校开展了"我劳动我快乐"耕作综合实践活动。

本学期第八周开始，在学校的统一安排部署下，六年级各班在东莞市金谷现代生态农业观光园进行耕作活动，经历了耕地、播种、浇水、施肥、拔草各个环节，历时四周的时间终于迎来了大丰收！

走进农场，清新的乡土气息迎面扑来，那耀眼的火龙果如跳跃着的音符向我们热情地打招呼。带着小组的任务，同学们兴高采烈地走进田间。在潘主任的指导下，同学们有模有样地观察着嫩绿的菜苗，刨开泥土，在青菜的根部轻轻掐断，整齐地摆在田地间。每一个同学都充满着热情，每一寸土地都浇灌着他们的汗水，最后他们分工合作，有的同学蹲下小心地把菜一棵一棵拔起，有序地排好；有的同学用绳子把菜捆好；还有的同学把捆好的菜分装入袋，把自己辛勤劳动的成果带回了学校。

放学期间，部分班级的同学把青菜拿出来放在校门口义卖，同学们热情似火，俨然一副小商人的模样，吸引前来接送孩子的家长们驻足买菜，学校门口人气高涨。晚上，各班孩子亲自下厨烹饪这道带着汗水的青菜与父母一起分享劳动果实，带着无限的满足，结束了这次的耕种活动！

活动总结

（1）活动通过让同学们亲自参与田间种菜的各个环节，加深了同学们了解所种农作物的生长状况，熟悉主要农作物的播种、管理、收获的基本方法，掌握基本种植知识和劳动技能，拓展了学生学科知识领域和综合素质。

（2）培养了学生的劳动观念和吃苦耐劳、艰苦奋斗、勤俭节约、奋发学习的精神。

（3）体验了合作劳动带来的收获和喜悦，增强学生的社会责任感和社会交往能力。

活动图

附：课程评价（参考）

（1）做成展览、汇报、手抄报等，教师根据情况进行评价；

（2）形成活动式作文，以学校或班级为单位评出优秀作品；

（3）根据参与活动的态度、表现出的能力素养等做评价表，教师、学生共同评价。

校外劳动实践过程评价表

评价主体	评价要求	优秀	良好	需努力
自我评价	参与状态是否调整到最佳	★★★	★★	★
	是否遵守时间安排	★★★	★★	★
	任务完成度是否满意	★★★	★★	★
同学评价	是否积极配合完成任务	★★★	★★	★
	爱合作，热心，有协助意识	★★★	★★	★
教师评价	积极的劳动观念、较高的知识技能、良好的规则意识、时间观、表现优秀、取得较好成果	★★★	★★	★
合计	15~18颗星表示优秀，10~12颗星表示良好，6颗星以下表示需要努力			

小学新劳动教育课程资源丛书

Xiao Xue Xin Lao Dong Jiao Yu Ke Cheng Zi Yuan Cong Shu

在服务性劳动中乐享成长

林的萍·主编

新华出版社

图书在版编目（CIP）数据

小学新劳动教育课程资源 . 在服务性劳动中乐享成长 /
林的萍主编 . -- 北京：新华出版社，2023.12
ISBN 978-7-5166-7257-0

Ⅰ . ①小… Ⅱ . ①林… Ⅲ . ①劳动课—教学研究—小
学 Ⅳ . ① G623.92

中国国家版本馆 CIP 数据核字 (2023) 第 253090 号

在服务性劳动中乐享成长
作　　者：林的萍

责任编辑：赵怀志　　　　　　　　　　封面设计：张梦琴

出版发行：新华出版社
地　　址：北京石景山区京原路 8 号　　邮　　编：100040
网　　址：http://www.xinhuapub.com
经　　销：新华书店、新华出版社天猫旗舰店、京东旗舰店及各大网站
购书热线：010-63077122　　　　　　中国新闻书店购书热线：010-63072012

照　　排：北京人文在线文化艺术有限公司
印　　刷：三河市龙大印装有限公司

成品尺寸：710mm×1000mm 1/16
印　　张：6.75　　　　　　　　　　字　　数：70 千字
版　　次：2024 年 4 月第一版　　　　印　　次：2024 年 4 月河北第一次印刷

书　　号：ISBN 978-7-5166-7257-0
定　　价：128.00 元（全三册）

编委名单

主　编：林的萍

副主编：夏芳丽　邓　娅

编　委（排名不分先后）：

陈冰玉　陈金芳　贺小燕　李芷彦　梁惠欣　赖家连

刘丽敏　邱漫玲　杨菁菁

序　言

新目标　新课程　新样态
——基于校本特色的《小学新劳动教育课程资源》丛书新思维

2020 年 3 月，中共中央国务院发布《关于全面加强新时代大中小学劳动教育的意见》，明确提出：为构建德智体美劳全面培养的教育体系，加强新时代大中小学劳动教育的意见，是新时代培养社会主义建设者和接班人的新要求；全面构建体现时代特征的劳动教育体系；广泛开展劳动教育实践活动；着力提升劳动教育支撑保障能力；切实加强劳动教育的组织实施。《意见》是新时代中小学实施劳动教育的实践指南。接着，教育部印发《义务教育劳动课程标准（2022 年版）》，按新课标要求，开设独立的劳动教育课，课程分为日常生活劳动、生产劳动和服务性劳动三大类，共设置十个任务群，以培养学生正确的劳动价值观、良好的劳动习惯和品质，使其成为懂劳动、会劳动、爱劳动的时代新人。

莞城英文实验学校的《小学新劳动教育课程资源》丛书在党和国家强调加强新时代大中小学劳动教育的背景下应运而生。

莞英学校一直以来十分重视对在城市生活的小学生群体的劳动教育。多年来，林的萍校长带领学校团队坚持积极开展和富有学校特色的校本劳动教育实践，通过与市农科院合作开辟校园小农场形成以"姜科植物"种植、管理、研学一体化的学校劳动教育实践基地，在此基础上构建学校新劳动教育校品课程体系，成为省、市、区劳动教育特色示范校。为了全面贯彻落实《意见》和《课标》，培养能担当民族复兴大任的时代新人，莞英学校结合市情、校情、生情特点和实际，基于学校劳动教育的基础、资源和特色，积极构建新时代小学劳动教育新模式体系，并编写形成这套体现新时代、新目标、新课程、新样态特点的莞英小学新劳动教育课程资源系统。

林的萍校长主编的这套《小学新劳动教育课程资源》丛书（全三册），是学校新劳动教育实践课程体系，它以"文化融合""教育价值""素养生成""探究精神"等为基点，展开经纬交融的学段特点与内容递进布局，注重在劳动教育实践中引领学生掌握和发展劳动技能技巧，养成良好劳动习惯和劳动品质素养，逐步形成劳动崇高、光荣、伟大、美丽的价值观，进而成为懂劳动、会劳动、爱劳动的时代新人。整套课程体系的规划、设计和实施，充分体现了新时代劳动教育的新目标、新课程、新样态的新构想、新思维特点。

1. 新目标 新构想——注重在新劳动教育目标体系中，促进小学生核心素养的全面生成。以丛书的《从原生态到智能化的种植劳动实践》分册为例，它是以新劳动教育体系中的"生产劳动"为基点进行实践活动的课程展现，而在课程实施过程中

实现小学生新时代劳动素养提升的目标。

在设计生产劳动课程内容的时候，设计者掌握了农耕文明的纵向发展脉络，也肯定了这一文明在漫长发展的岁月中，于关键处散发出的独特闪光点，比如旧时农耕的劳作方式、农事安排与季节更迭的奇妙关系、环保健康的农产品的生产过程，都有其丰富的传承价值。这些都是学生应该了解掌握的，所以这也成了实践课设计的基础。同时，他们把农业新科技元素纳入其中，设计了"无土栽培""精准灌溉"等生产劳动课程，这些课程中注重各学科的融合，如把科学、数学、计算机学科知识融入其中，形成了 STEM 课程实施途径，全面促进小学生德智体美劳全面素质和综合素养核心素质的生成。

从自然农法到智能农业，十分鲜明地体现了学校新劳动教育生产劳动实践进阶性的发展特点。它把农业的历史样态、全新样态、未来样态全部涵纳其中，构想让学生的劳动实践体验丰富而立体——因为劳动实践不仅是要学生掌握点劳动技能或具有劳动意识，更重要的是作为未来的建设者，要对农业发展有探索精神和自己的一些思考。培养小学生具有适应未来社会需要的劳动者、建设者、接班人素养，成长为能担当民族复兴大任的时代新人，是莞英学校新劳动教育和劳动教育课程育人的目标。

2. 新课程 新体系——注重在新劳动教育课程实践中，培育小学生形成良好生活习惯和优秀劳动品质。以丛书的《在服务性劳动中乐享成长》分册为例，它是以新劳动教育体系中服务性劳动为基点进行的课程的实践，而在课程实践过程中不断完

善小学生新时代劳动教育课程的构建和创新发展。

"引导学生树立正确的劳动观，崇尚劳动、尊重劳动，增强对劳动人民的感情，报效国家，奉献社会"是《意见》的基本原则表述，这也是莞英服务性劳动课程设计的一个基本出发点。值得一提的是，根据学生年龄层次及心理发展阶段特点，莞英在服务性劳动中，大力发动本校资源，"学校的图书馆、食堂、卫生角、开放书屋……是实施服务性劳动的好地方，组织学生轮流做管理员和志愿者，提高学生的规则意识，帮助他们养成遵守规则、善于自我管理的好习惯。"同时，学校还积极调动社会、家庭、社区等诸多力量，让学生能全方位得到能力锻炼，获得素养提升，体验深刻服务他人而获得劳动自豪感。

作为一所英文实验学校，莞英一直致力于培养未来可以走向世界的人才。凡是具有远大理想抱负的学生，其必备的素质就是对国家民族和人类的服务和奉献精神。这种服务和奉献精神，需要从一点一滴服务身边人开始，再到服务更多的人。具有莞英特色的以"国粤英"三种语言介绍的东莞"非遗"特色菜烹饪课程，以及"家庭劳动教育日常化、学校劳动教育规范化、社会劳动教育多样化"的全方位课程育人体系模式构建，让劳动教育从点到面，有着严密的逻辑，有着目标化的推进指引，有着高瞻远瞩的教育视野。

3. 新思维 新样态——注重在新劳动教育实践中，养成小学生的劳动服务与奉献精神。以丛书《华夏炊烟 乐享生活：美食文化探究课程》分册为例，它是以新劳动教育体系中日常生活劳动为基点建构课程体系，而在课程整体构建和具体实施行

动中探索新时代小学劳动教育课程的新模式、新样态。

学校利用有限的空间与资源，创设了一个"麻雀虽小，五脏俱全"的生活劳动实践基地——莞英烹饪小屋。作为一所英文实验学校，一直把培养具有中国情怀、世界眼光时代新人作为目标。在本课程设计中，我们也可以看到，设计者想让每一个莞英学子能通过这一课程，深入感受源远流长的中国饮食文化。如林的萍校长所说，以烹饪为核心的课程研发，是想让"每一个莞英学子能通过这一课程深入感受源远流长的中国饮食文化，无论他们身在何方、脚步丈量了多少土地，都将中华传统美食文化的精神根植心底，都能拥有为中华文化骄傲的自信，都能记得故土的那一缕炊烟"。

为家人朋友做一道菜，这看起来很简单，但却可以有非常丰富的教育价值演绎。《家庭教育促进法》关于家庭立德树人的培养目标中，就明确提出"生活技能"的全面健康成长要求。《意见》中也有让孩子"体会劳动创造美好生活""树立劳动最美丽的观念"的目标设定，这个"美"是指对生活的主观感知和主动美化，它的最基本的要求是通过勤劳灵巧的手去创造美，然后让这样的美来美化生活，这是从身体技能到情感意念及精神追求的逐层递进。营造和打造"家校合作协同共育"的新劳动教育课程，新思维、新模式、新样态，实施在学校教——在家里实践——在学校评比的劳动教育新生态，让学生在真实生活和学习环境情景中养成新生活、新劳动的好习惯。在课程设计中，一方面，让学生学会使用一些简单的烹饪的工具，掌握简单的烹饪技能；另一方面，到了一定阶段，在烹饪技能学习、

操练之外，让学生去主动探究中国的八大菜系中所蕴含的地理、历史、气候、人文、风俗等文化知识。这样的从技能到情感、素养的一种获得，也会改变学生未来的生活方式，让学生对健康、美好的生活方式有最直观的定义——爱上这样的日常生活劳动，为幸福人生和创造美好幸福生活铺垫基础。这套课程的育人价值，在此得到充分体现。

《小学新劳动教育课程资源》丛书的出版，是对莞城英文实验学校新劳动教育成果的系统性总结，是莞城英文实验学校教育工作者辛勤耕耘取得的硕果，更是林的萍校长所带领的教育集团对新时代中小学劳动教育发展探索贡献的实践模式和创新亮点。

（李季：中国陶行知研究会未来教育专委会理事长、广东省家庭教育研究会会长、教授）

深挖劳动教育内涵，突显劳动课程特色
—— 谈谈莞城英文实验学校新劳动教育的开展

　　勤劳是中华民族的传统美德。在国家《关于全面加强新时代大中小学劳动教育的意见》（以下简称《意见》）出台之后，全国中小学校掀起了新一轮的开展劳动教育的高潮，"劳动教育"进入了一个全面发展的新维度。根据调查，在实施劳动教育的过程中大家聚焦的困难有三点：一是缺少实施基地；二是缺少专业的劳动教育导师；三是劳动教育课程很难和学校实际情况有效融合。

　　为了推动劳动教育全面落地，在解决如上三大难点的基础上，东莞市莞城英文实验学校经过数年的实践与探索，开创出了一套具有鲜明风格的新劳动教育课程理论系统，并编撰了《小学新劳动教育课程资源》丛书一套，包括三本分册《从原生态到智能化的种植劳动实践》（对应生产劳动）、《华夏炊烟　乐享生活：美食文化探究课程》（对应生活劳动）、《在服务性劳动中乐享成长》（对应服务劳动）。

本丛书立体地展现了我们所开创的课程体系。这一体系有四个显著特征：

第一，全面性。学校严格遵循教育规律，立足本校校情、学情，以学生的生活及成长为立足点，研发了立体全面的课程体系。我校的劳动教育课程体系是由"爱生活、'慧'生产、乐服务"这三个学习板块组成的，它们囊括了意见里提到的日常生活、生产和服务性劳动等多个方面，如图 Z-1 所示。学校从顶层设计开发课程，各部门联动管理，将劳动教育、综合实践活动课纳入课程计划管理，开足相应的课时，把劳动教育融入了培育人才的全过程。

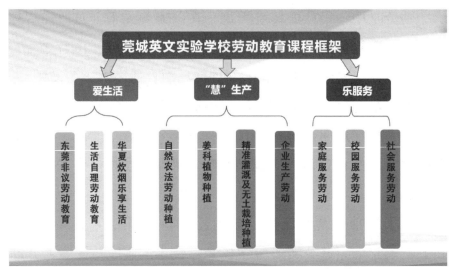

图 Z-1 莞城英文实验学校劳动教育课程框架

第二，创新性。我们所有的课程都体现了时代特征和创新劳动教育方式。劳动教育应顺应时代发展，因此，我们积极对劳动教育进行了革新，学校通过"劳动 + 传统文化""劳动 + 科技""劳动 + 环保"等融合育人的视角，创新劳动教育方式。

比如：我校的烹饪课程就是与中国传统八大菜系文化相结合来构建的，学生从中不仅能学到基本的烹饪技能，还能领略中华优秀传统文化的美好，从小树立热爱祖国、建设祖国的远大目标；种植劳动课程中的精准灌溉种植课程与无土栽培种植课程是采用劳动与科技相结合的方式构建的，学生采用科技手段参与现代农业种植，以培养其科学精神，提高其创造性劳动能力；服务劳动课程设置也力求做到全面、新颖，不仅与传统文化相结合，还积极调动社会、家庭、社区等各方力量，让学生能全方位得到能力锻炼，获得素养提升。

第三，灵活性。我们在开展劳动教育实践活动时，立足本校实际，方式灵活多变。作为地处城区的学校，为了真正使我们的劳动教育校本课程落实到位，我们开辟了校内劳动教育新场域，"麻雀虽小，五脏俱全"。学校有适合三至六年级学生开展烹饪课程的烹饪小屋，从开学第一周开始就安排好烹饪室使用课表，一整个学期，天天都有孩子在里面上烹饪课，让它的使用率最大化；还有适合种植课程的姜科种植区、无土栽培区、自然农法种植区等场所。学校的自然农法传统种植区"十亩间"只有小小的 10 块菜地，为了让全校学生都能参与，学校聘请专家进校给全体师生讲授自然农法，每学期通过菜地招标的方式让学生体验自然农法种植劳动，这样，每个学生都能获得成长。社区的公共场所及学校的图书馆、食堂、卫生角、开放书屋……是实施服务性劳动的好地方，我们会组织学生轮流做管理员和志愿者，提高学生的规则意识，帮助他们养成遵守规则、善于自我管理的好习惯。

第四，扎实性。我们学校在十多年开展劳动教育过程中，坚持多方联动，强化综合实施。学校充分发挥劳动育人的课程教育功能，重视劳动教育与家庭、社会的衔接，形成"家庭劳动教育日常化、学校劳动教育规范化、社会劳动教育多样化"的全方位育人模式。

综上所述，学校的劳动教育课程体系，让校内劳动实践基地和校外实践基地相结合，多维度考虑通过家、校、社多方联合，共同开展劳动教育的工作方式。比如和食品公司合作，让孩子们体验矮仔肠的制作过程；与沃尔玛公司合作，让学生进行职业体验；与社区合作，孩子们利用节假日去美化社区运动场所的环境。此外，学校开展的自理小能手、垃圾分类等相关劳动课程，都是采用小手拉大手的方式，从学校延伸到家庭。我们还将农科所的专家、非遗传承人请进校园，亲自指导孩子们劳动实践，解决了专业老师不足的现状。

值得一提的是，本系列劳动教育课程都以"项目式"开展，做到了学科和劳动实践课的相互促进融合，打破了课堂、学科、学校课程之间的壁垒，创新了课程形态。这一课程体系面向每一个参与劳动的学生，关注其在具体课程活动中实践能力是否得以提升，发现与直面问题的能力是否得以提升，创新能力和创新意识是否增强。我们的评价体系也以激励为导向，对劳动教育的全过程进行规范化检测，从培养学生的劳动习惯、劳动观念入手，让学生体会劳动的快乐，收获成功的喜悦，用劳动创造美好的生活，用劳动服务身边的人。

本系列新劳动教育课程在构建及实施过程中，坚持立足学

校实际的原则，始终以学生为本，严格遵守教育教学规律，以培养素质全面的新时代接班人为目标，不断开拓进取，逐步完善课程体系，取得了一定的成效，校园风貌日趋美好，师生素养逐步提高。当然，在新劳动教育探索的道路上，我们要做的还有很多，本丛书只是一个阶段性的总结，旨在兴利除弊，提醒勉励大家为之继续努力。同时，也期望本套丛书能对其他在新劳动教育方面存有疑惑的兄弟学校提供些许借鉴，并请大家不吝指出其中的不足之处。

2023 年 5 月

课程手册编写说明

自国家针对劳动教育的一系列政策出台以后，全国很多所学校都掀起了对劳动教育实施方法的探索高潮。我校立足学校实际，本着培养适合未来发展的素质全面人才的目标，在劳动教育方面努力耕耘了十多年，经历了从当初的零散的、缺少系统性的实践过程，到形成了如今由"爱生活、慧劳动、乐服务"三大板块组成，涵盖国家政策要求的日常生活劳动、生产劳动和服务性劳动的全面且系统化的课程体系。

在服务劳动教学方面，我校多年来更是进行了深入的、具体的教学实践，取得了不俗的教育成果。在校长林的萍的带领下，莞城英文实验学校新劳动教育课程研发组的成员努力下，我们编写了本册劳动教育课程手册，旨在总结宝贵经验，为教师的新劳动教育教学、学生的新劳动教育实践，提供切实可行的实施抓手，并进一步丰富学校的劳动教育教学内容，提高教师的教研水平，培养学生的劳动素养。

本书所涵盖的内容，属于服务性劳动的范畴，为我校劳动课程系列的组成部分。该课程围绕国家针对学生所需掌握的劳动技能提出的要求，结合我校实际情况，以国家对中小学生服务性劳动的分类要求组织构架，从家庭服务、社区服务、校园服务、传统继承、服务技巧等方面，对我校近年来对服务型劳动的劳动课堂的教学方法、课程探究以及知识拓展等方面进行了系统化总结。旨在对老师的日常教学起到具体的方向性的引领作用；对学生的知识拓展、技能提升、品格塑造、素养发展起到积极的推进作用。

课程编写组

2023 年 5 月

目 录

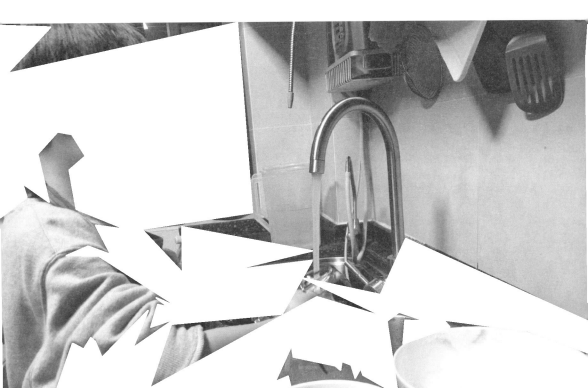

为家人做一顿饭

活动背景：

《义务教育劳动课程标准（2022年版）》指出，第一学段的学生能参与简单的家庭烹饪活动，第二学段的学生要学会使用简单的烹饪器具对食材进行切配并学习蒸、煮方法加工食材，第三学段的学生能用炒、煎、炖等方式制作几道家常菜。高年级的学生根据家人的喜好和需求设计并制作一顿饭，用自己掌握的劳动技能服务于家人，既能表达对家人的爱意，也能锻炼他们的统筹规划能力和动手实践能力，体会劳动带来的快乐。

教学目标：

劳动观念：能积极参与为家人做一顿饭的活动，进一步明确自己劳动的意义，感受家庭劳动带来的快乐和幸福感。

劳动能力：通过参与为家人做一顿饭活动，提升动手实践能力和统筹规划的能力。

劳动习惯和品质：培养热爱劳动、积极服务他人、服务家庭的劳动品质，养成动手劳动的好习惯。

劳动精神：感悟家庭劳动的不易，懂得感恩父母和家人的付出，进而尊重每一位劳动者，体会劳动创造美好生活的道理。

课时安排：2课时

适用年段：高年段

第一课时

创设情境，激趣导入

（1）播放照片和视频，创设爸爸妈妈工作忙碌，不能好好吃饭的真实生活情境，激发学生思考：我们能为爸爸妈妈做些什么？

（2）确定我为家人做顿饭的实践任务。

头脑风暴，出谋划策

1. 为家人做一顿饭需要做哪些准备

（1）了解家人的饮食需求和喜好。

（2）合理设计一餐菜谱。

（3）根据菜谱采购食材。

（4）学习烹饪方法。

……

2. 小组探究如何设计一餐菜谱

（1）荤素搭配合理。

（2）符合家人喜好。

（3）照顾特殊群体（老人、小孩等）。

3. 采购食材的注意事项

（1）新鲜。

（2）包装食品注意保质期。

（3）列出清单、不遗漏。

4. 学习烹饪方法

（1）以往经验。

（2）上网搜索。

（3）请教家长、老师、同学。

5. 烹饪过程中要注意安全

（1）用刀安全。

（2）用电、用火安全。

齐心协力，进行准备

1. 合理设计，有准备

我为家人做顿饭

	菜式名称	所属菜系	选择理由	所需食材
菜式设计				
采购清单				

2. 分享交流，会调整

小组内分享交流设计单，提出合理的建议。

3. 聚焦问题，有对策

做一顿饭包括煮饭、择菜、洗菜、切菜、炒菜等工序，如何规划才能高效完成一顿饭的烹饪？

哪些工序可以同时进行？

（1）煲汤；（2）泡汤料；（3）择菜；（4）洗菜；（5）煮饭；（6）切菜；（7）炒菜；（8）腌肉。

牛刀小试，课后实践

课后请大家根据家人的需求和特点，进一步修改自己的规划，周末进行实践，为家人送上一顿美味的饭菜，献上你们满满的爱。

板书设计

我是家庭小主人——为家人做一顿饭

材料准备充分

营养搭配合理

步骤清晰明了

安全操作卫生

第二课时

回顾导入

出示动手烹饪的照片，回顾烹饪活动开展情况，对学生积极参与为家人做一顿饭的行动给予肯定。

学生动手烹饪图片

评价交流

各小组分享活动的准备过程和开展情况，以及取得的效果，并根据评价表进行评价。

我是家庭小主人——为家人做一顿饭评价单
（星级评价，满分五颗星）

评价项目	自我评价	同伴评价	教师评价
1. 小组成员积极主动参与为家人做一顿饭活动			
2. 在烹饪前准备好充分的材料，做到有条不紊			
3. 能够根据既定方案完成一荤一素一汤			

续表

评价项目	自我评价	同伴评价	教师评价
4. 活动过程中遇到困难能积极寻求解决办法			
5. 能够做好烹饪活动的装盘、清洁和整理工作			

分享收获

活动意义

①学会烹饪的技能。

②了解烹饪的收获（收获与反思）。

③具备劳动品质与生活能力。

······

活动总结

　　"我是家庭小主人——为家人做一顿饭"活动结束了，家庭服务的脚步不停歇。生活中只要我们愿意伸出勤劳的双手，不仅能照顾好自己，也能给家人带来快乐，我们将坚持劳动创造幸福美好生活的原理，在实践中提升动手实践能力，给家人表达爱意和谢意，做一个热爱劳动的好少年。

板书设计

我是家庭小主人——为家人做一顿饭

回顾活动

分享交流

总结评价

我为家人泡杯茶

活动背景：

《义务教育劳动课程标准（2022年版）》指出：劳动教育是发挥劳动的育人功能，对学生进行热爱劳动、热爱劳动人民的教育活动。中国人喜欢喝茶，茶养生是中国人流传了几千年的传统。一年一日饮茶均应不同，不同体质应喝不同的茶。本课程设计，旨在引导学生积极探究茶文化、学习泡茶技艺的同时，能够关注家人的需求，泡一杯适合家人的养生茶，提升学生服务他人的意识，增强他们的责任感。

教学目标：

劳动观念：通过为家人泡一杯合适的茶，体验劳动创造美好生活的成就感。

劳动能力：通过泡茶的体验与实践，学会安全、正确、规范地冲泡茶叶。

劳动习惯与品质：通过讨论交流学习茶文化，并能根据家人的需求设计泡一杯合适的茶，培养积极的劳动思维，感受为家人服务的快乐。

劳动精神：通过学习正确泡茶、礼貌递茶的习惯，培养服务他人的意愿，传承中华民族的传统美德。

教学重点：

通过讨论交流学习茶文化，并能根据家人的需求设计一杯合适的茶，培养积极的劳动思维和劳动习惯，感受为家人服务的快乐。

教学难点：

在学习泡茶的体验过程中，培养积极的劳动思维和动手操作能力，体会劳动带来的快乐。

教学准备：

多媒体 PPT、基础茶具、茶叶、评价单等

课时安排： 1 课时

适用年段： 中年段

时空轮转，认识茶

在几千年前，一片树叶，经由中国人的双手，变为一道可口的饮品，这便是"茶"。茶起源于中国，从上古时期开始，茶就被神农发现，作为解药来使用。经过历史的演变，如今茶作为中国的一种饮食文化而存在。"饮茶一分钟，解渴；饮茶一小时，休闲；饮茶一个月，健康；饮茶一辈子，长寿。"这是茶界唯一的中国工程院院士、中国农业科学院茶叶研究所研究员陈宗懋的一句名言。

今天我们就一起学习泡茶，为身边的亲人送去健康！

知识竞赛，了解茶

1. 泡茶用到的工具有哪些

预设：茶壶、玻璃杯、盖碗等。

2. 我们的茶可以分为几类

预设：绿茶、白茶……

3. 不同的茶有什么功能

预设：绿茶可保护心血管，白茶可缓解焦虑……

根据需求，巧设计

1. 小组讨论，考虑需求

小组内讨论，家人分别适合喝什么茶？

2. 分享交流，合理搭配

预设：爸爸比较胖，适合喝黑茶，可以选择普洱熟茶；奶奶胆固醇偏高，适合喝黑茶或者红茶，可以选择铁观音；妹妹喜欢吃酸酸甜甜的食品，可以泡一杯水果茶……

3. 根据需求，巧妙设计

我为家人泡杯茶设计表

对象	茶的品种	选择理由

学习方法，会观察

1. 了解种类，聚焦难点

冲泡有不同的方式，也可用不同的器皿。同学们通过课前学习了解，讨论最难泡的茶？

这节课，我们学习使用盖碗冲泡茶叶。

2. 教师示范泡茶方法

同学们先观察老师示范，再来实践。盖碗冲泡茶主要有7步。

第一步：摆具。将水壶、茶洗、抹布、茶荷、茶道六君子、茶叶罐摆放至茶盘两侧，并将茶杯摆正。

第二步：置茶。使用茶勺将适量茶叶拨至茶荷，并将茶叶罐盖好放回原处。

第三步：赏茶。举起茶荷，由左至右向客人展示茶叶的外貌以及香气，接着将茶荷放置在茶盘一侧。

第四步：温具。将水壶里的热水倒至盖碗中，静置3秒后将盖碗中的热水倒入茶海，接着端起茶海，将热水依次倒入茶杯中。

第五步：置茶。使用茶则将茶荷中的茶叶拨入盖碗中。

第六步：冲泡。将热水倒入装有茶叶的盖碗中，并盖上盖子，期间用茶夹将茶杯中的热水倒入茶洗中。完成后，使用C字手型，将盖碗拿起，并把茶水倒入茶海中，端起茶海依次将茶水分入茶杯之中。

第七步：奉茶。如果是请长辈喝茶，我们则需用大拇指抵住茶杯，双手将茶杯及茶托端起，并说："请喝茶。"这是我们给长辈奉茶的礼仪。

3. 学生轮番演练，获得劳动体验

安全小贴士：手持杯沿，不烫手。

敬茶小细节

①倒茶：茶倒七分满；

②端茶：双手托杯；

③奉茶：先客后主，先老后幼；

④礼貌用语："打扰了"，或者"请慢用"。

运用方法，会实践

回家后根据家人的需求，进一步修改"我为家人泡杯茶设计表"，选择合适的泡茶器具，为家人献上一杯健康茶。

板书设计

我是家庭小主人——我为家人泡杯茶

依需选择

巧用方法

注重礼节

注意安全

我会整理衣柜

活动背景：

随着人们现代生活水平不断提高，不少家庭每年都会添置大量新衣服、新被褥，家中衣柜常年被塞得满满当当。如果长时间疏于整理，便会变得凌乱不堪，给家人们寻找衣物增加不小阻力。通过整理衣柜的劳动实践活动，锻炼了学生的劳动技能，提高了他们的生活能力，还能培养学生服务家庭的意识，用劳动和智慧为自己和家人创造更舒适的生活环境，让他们体验到了劳动创造美好生活的快乐和幸福，帮助学生形成正确的劳动观念和积极的劳动态度，达到以劳树德、以劳育人的良好效果。

教学目标：

劳动观念：通过整理衣柜的劳动实践，体会家长的不易，体会参与劳动的辛苦与快乐。

劳动能力：了解常见的衣物收纳用品，掌握衣柜收纳的基本方法。

劳动习惯和品质：能合理利用衣柜空间收纳衣物，让家人方便取用，形成及时收纳、分类存放的好习惯。

劳动精神：培养学生服务家人的意识，帮助父母做简单的家务，用劳动和智慧为自己和家人创造更舒适的生活环境。

课时安排：1 课时

适用年段：高年段

劳动准备：一块干抹布、一块湿抹布、戴好口罩、戴好一次性手套、规划好收纳盒（选配）、真空袋（选用）

创设情境，激趣导入

1. 情境导入

同学们，君君发现她妈妈在衣柜里总是找不到想穿的衣服，爸爸的衬衫总是皱巴巴的，弟弟想拿的衣服也总是够不着。

（出示图片）为什么呢？请同学们观察图片，帮她找找原因。

2. 分析原因

相信你们都看出来，原来她衣柜里的衣物太乱了。如果我们定期帮助家人把家里的衣柜进行整理与收纳，那会让我们的生活更便利。劳动创造美，今天，我们就来学习衣柜的整理和收纳方法，争做一名衣柜整理师吧！

劳动探究，游戏归类

（1）教师出示衣柜的图片，引导学生探究常见衣柜的空间结构与功能。

（2）学生联系生活，说说家人对衣物进行分类的方法和收纳衣物的方式。

（3）通过游戏"把衣物送回家"，学生学习衣物的分类方法。

梳理步骤，归纳方法

1. 提问交流

你知道整理收纳衣柜的步骤吗？

2. 观看视频，梳理步骤

梳理步骤：清空衣柜—擦拭衣柜—分类整理—规划空间—整理归橱。

（1）清空衣柜：把衣柜里的衣物拿出来放置在干净宽敞的地方（床上、沙发上）进行分拣。

擦拭衣柜：先用搓洗干净的湿抹布把衣柜里外都擦一遍，特别是角落里容易积灰的地方多擦几遍，再用干抹布擦干水分，等到衣柜干燥。

（2）分类整理：把衣物按人进行分类（建议给孩子专用衣柜）。再按照换季衣物、不再穿的衣物、上装、下装、内衣、袜子、领带、腰带、手套、围巾、披风等分类叠放整齐。

（3）规划空间：规划空间，易于日常拿取。将换季衣物可以收纳起来放置在衣柜上部或里面。常用衣物要放于方便家人取放的位置，身高较低的孩子的衣服可以放在底下。记住一个口诀为"上轻、下重、中常用"，把当季最常穿着的衣物，放在衣柜中间的黄金位置。

（4）整理归橱：分类好的衣物我们可以选择悬挂或者折叠

的方式把衣物整理放进衣柜里。我们还可以运用一些收纳的小技巧来充分利用空间，一起来看看吧！（播放视频）

收纳小技巧

①不再穿的衣物应及时处理（捐献或送人）。

②爸爸妈妈的礼服、西装等衣物应采取挂放的方式，可以避免褶皱和压痕。

③羽绒服和棉絮等物件可以使用真空袋，能大大减少空间占用。

④在收纳时，可以发挥我们的聪明才智，把闲置物品改造成收纳用具。内衣、袜子、领带、腰带、手套、围巾披风等小件可以放入专用收纳盒或专用挂钩。内衣应单独放置。

温馨提示：整理完毕后清理工具，做好个人卫生哦。

规划空间，服务家人

提问：在整理衣柜的步骤中哪一步比较难？

聚焦难点：规划空间。

请同学们按照你们家里的衣柜结构，用上学习到的方法在纸上规划空间的使用，为家人服务。

应用方法，动手实践

1. 课堂小结

今天我们学习了整理收纳衣柜的方法，大家是不是也想大展身手呢？其实，衣物收纳的方法远不止这些。我们可以根据收纳空间的大小，对衣物采用不同的折叠与摆放方法。

2. 课后实践

生活有妙招，收纳有方法。请同学们带着今天的学习收获，完成课后实践任务，可以根据以下的评价表邀请爸妈进行点评哦。

（1）请同学们用本节课学到的方法去帮忙收纳整理家里的衣柜。

（2）了解更多的收纳方法，并动手实践，回校与同学们分享。

家务整理评价表

评价内容	自评	家人评
整理工具齐全		
掌握收纳整理衣柜的步骤		
换季衣服收纳好		
能根据家人需求规划空间		
创新利用收纳小工具		
劳动结束后关注卫生		

板书设计

我是家庭小主人——我会整理衣柜

清空衣柜
↓
擦拭衣柜
↓
分类整理
↓
规划空间
↓
整理归橱

年二八，扫邋遢

活动背景：

"年二八，扫邋遢"是广东人过春节的传统习俗之一，意为腊月二十八那天要打扫卫生，"扫邋遢"即为打扫卫生的意思。开展"年二八，扫邋遢"这一主题活动，目的在于引导学生了解学习传统节庆习俗、弘扬中华传统文化，从小培养学生吃苦耐劳的优秀传统美德，让学生在打扫家庭卫生中体验生活丰富劳动体验，提高个人的能力，增强学生的劳动意识，家庭主人翁精神，帮助学生正确理解劳动对于个人生活、家庭幸福的意义，感受劳动的快乐。

教学目标：

劳动观念：树立尊重劳动、热爱劳动的劳动观念，懂得劳动创造美好生活。

劳动能力：通过打扫家庭卫生的活动，具备基本的劳动知识和技能，能正确使用劳动工具。

劳动习惯与品质：通过分享清洁小妙招，培养安全劳动、规范劳动、有始有终的劳动习惯。

劳动精神：从小养成自愿自觉、吃苦耐劳、认真负责的劳动精神。

课时安排：1 课时

适用年段：中年段

儿歌导入，了解年俗

1. 播放儿歌

年廿四，谢灶君——两碌长蔗做天梯

年廿五，办年货——开炸蒸糕有规矩

年廿八，扫邋遢——清旧物换金花神红

2. 提问交流

你知道儿歌里有哪些过年习俗吗?

同学们，"年廿八，扫邋遢"是广东人过春节的一贯风俗，该项活动不单单是为了清洗灰尘打扫卫生，还蕴含人们对新的一年的美好祝愿。这一天，全家出动，一起打扫，共同为新年的美好生活而努力!怎样才能高效"扫邋遢"呢?今天就让我们一起来学习学习吧!

"扫邋遢"准备

1. 定顺序

在打扫之前，要合理安排打扫的顺序，和家长分工进行，可以根据自己的家庭情况，制定家庭打扫顺序，先收纳整理再进行清扫。

例：厨房——卧室——客厅——卫生间——阳台

2. 备工具

进行打扫可少不了劳动工具，大家想一想，需要准备哪些劳动工具呢？

（扫把、拖把、抹布、手套、口罩、帽子、清洁剂……）

清洁的时候，我们还可以利用一些旧物，不仅省力，还更低碳环保哦！

学生动手劳动图片

"扫邋遢"攻略

1. 整理方法齐分享

想提高清扫效率，就要先将家中物品合理安排，规整收纳。

把家里一些杂物进行分类归纳，有序摆放，再清理出不需要的物品并收拾干净，方便进一步的打扫。大家都有哪些收纳整理的好方法呢？

学生交流分享自己收纳归类的好方法。

2. 家庭清扫有妙招

（1）粘在桌上、地垫上的口香糖很不容易取下来。可以把冰块装在塑料袋中，放在口香糖上，等一段时间后，口香糖就会从软变硬，很快就可以除掉它了。

（2）泡过茶的茶壶、茶杯往往沉积一层褐色的污垢，很难洗净。如果用细布，蘸上少量牙膏，轻轻擦洗，很快就可以洗净，而且不会损伤瓷面。

（3）粘贴式挂钩虽然相当便利，但是一旦要拆除时，却得大费周折。我们可以将蘸醋的棉花铺在挂钩四周，使醋水渗入紧粘的缝隙中，几分钟之后，便可用扁头螺丝起子轻易拆除挂钩。残留的黏着剂也可用醋擦拭，清除干净。另外，铝锅、铝盆、铝勺等铝制品上的污垢，也可用食醋涂擦，这样擦过的铝制品既光洁照人，又不损伤其表层。

（4）擦玻璃是一项大工程，怎样让玻璃光亮如新呢？我们可以先用湿布擦一下玻璃，再用干净的湿布沾一点白酒，稍用力在玻璃上擦一遍，玻璃就光亮如新啦！

（5）纱窗上落满灰尘，我们打扫的时候都是拆下纱窗，再用水清洗，这样很麻烦。告诉大家一个不用拆下纱窗就能将纱窗打扫得很干净的好办法：将废旧报纸用抹布打湿，再将打湿后的报纸粘在纱窗的背面，待5分钟后，将纱窗上的报纸取下，你会发现潮湿的报纸上粘满了纱窗上的灰尘污渍。此种方法打扫纱窗，省时又省力，不信你试试吧。

特征分类

①劳动工具要齐备，安全措施与护手行动要到位。

②大扫除趁机做好物品的分门别类整理，多余、一直不用的东西及时扔掉或者卖掉，电饭煲、电磁炉等电器要断电后才能清洁。

③清洁陶瓷、玻璃等易碎物品要小心，以防打碎割到手。

④不爬高，不逞能，做好家长的小帮手。

清洁妙招我知道

同学们，你在日常的清洁劳动中还有哪些清洁妙招呢？如何才能更高效地"扫邋遢"？请结合表格来进行小组讨论，讨论后完成下面的表格。

清洁妙招我知道

清洁妙招介绍	温馨提示

劳动达人来汇报：小组合作完成调查表后，以小组为单位在班上汇报。

总结

"辞旧迎新，扫邋遢"，希望每一位同学在了解中国传统习俗的同时，积极参与劳动，锻炼自己的动手能力，用我们勤劳的双手创造干净、舒适的环境来迎接新年！

板书设计

我是家庭小主人——年二八，扫邋遢

辞旧迎新来打扫

定好顺序很重要

整理物品后清扫

清洁技巧少不了

劳动达人齐献招

巧用旧物最环保

收发快递我能行

活动背景：

根据《义务教育劳动课程标准（2022 年版）》对第二、三学段学生关于现代服务业劳动的内容要求，指导学生通过学会寄取快递，开展与日常生活密切相关的现代服务劳动，获得参与现代服务业劳动的初步体验，对服务性劳动的类型与特征具有初步认识，体悟现代服务业劳动对于创造便利、美好生活的重要意义。

教学目标：

劳动观念：能主动为身边人提供服务，形成初步的服务意识和社会责任感；愿意主动承担力所能及的劳动，培养热爱劳动的意识。

劳动能力：通过体验寄取快递的劳动实践，了解寄取快递的操作流程并掌握方法，形成热爱生活的态度，愿意积极参与家庭服务的实践活动。

劳动习惯和品质：培养学生积极劳动、乐意为家庭服务的劳动品质，养成自觉自愿、认真负责、有始有终的劳动习惯。

劳动精神：通过学习，培养遇事多思考，不怕困难的精神，形成尊重服务业劳动者的观念，树立积极参与现代服务劳动的意识。

课时安排：2 课时

适用年段：中高年段

第一课时　寄快递

观看视频，激趣导入

中秋节快到了，爸爸妈妈想给老家的爷爷奶奶寄去月饼等礼品作为节日慰问。

头脑风暴，学寄快递

1. 思考

如何准确安全地寄出快递呢？

预设

①把寄出的物品打包好。

②需要知道收件人的地址、联系电话。

③准确填写好快递单。

......

2. 物品打包有方法

观看快递员打包快递视频，小组讨论，并思考怎样才能把物品打包好？

预设

①准备好打包工具，例如胶带、剪刀或小刀。

②根据不同物品选择包装材料，例如衣物等织物类物品可以直接用袋子包装等。

③一些没有外包装、比较贵重、容易破碎的物品，在装箱时需要外加一层缓冲物品，例如泡泡纸、泡沫块等避免运输中的损坏。

④封箱时，用胶带沿着箱盖与箱子的连接缝隙贴好。

……

3. 小组 PK，体验打包

4. 展示交流，总结方法

预设

①我发现打包时，还可以在包装盒的空隙处加一些废纸，这样物品在运输途中就不会因为晃动造成损坏。

②我们小组打包箱比较大，于是我们用了"艹"字型封箱法，这样更结实。

……

劳动小妙招：包装时用的材料也可以选择家里的一些废旧物品，这样更环保！

安全提示：使用剪刀或小刀等尖锐的器具时，要注意使用安全，小心划伤。

5. 寄快递

（1）打包好物品后就可以在手机填写好快递单号，联系快递员进行揽收投递。

（2）思考：填写快递单要注意什么？

预设

①填写好寄出物品的类型与重量。

②了解寄出物品所需运费。

③准确填写寄件人与收件人的详细信息，包括姓名、电话、地址。

④填写后要再次检查，确认无误后再交给快递员叔叔。

······

分享交流，总结收获

师：经过学习，原来打包、寄出快递并没有我们想象中的那么容易，快递寄送的背后也需要劳动的智慧与快递员的辛勤付出。希望同学们平日里，能积极主动为父母分担小事，也做到感谢、尊重快递员的工作。

板书设计

我是家庭小主人——收发快递我能行：寄快递

　　　　　　　　　　包装环保

　　　　　　　　　　打包结实

　　　　　　　　　　信息准确

第二课时　收拆快递

创设情境，激趣导入

　　一天，妈妈收到一条快递到达的信息，原来是爷爷奶奶寄出了老家的特产作为中秋节的回礼。但正在厨房做饭的她走不开，我们该怎么做呢？（确定帮助妈妈取回快递的实践任务。）

合作探究，学取快递

　　1. 思考

取快递前要做哪些准备？

预设

①了解要取的物品。

②了解收件信息，例如取件码、收件人手机尾号等。

③了解收取快递的地点。

④如果物品太重，取件距离太远，需要拿小推车或请他人一起帮忙。

……

2. 常见取快递方式

交流：联系生活实际，你都在哪里帮爸爸妈妈收取快递？

预设

①快递柜取件。

②快递驿站取件。

③上门签收。

……

3. 小组合作

讨论梳理不同快递收取方式的方法与步骤，填写好表格。

我会取快递——步骤表

快递柜取件		快递驿站取件		上门签收	
步骤一		步骤一		步骤一	
步骤二		步骤二		步骤二	
步骤三		步骤三		步骤三	
步骤四		步骤四		步骤四	
注意事项		注意事项		注意事项	

温馨提示：拿到快递后，别忘了跟快递员说一声"谢谢"哦！

拓展实践，学拆快递

（1）师：在大家的努力下，成功将快递取回了！收到快递真是一件开心的事情，而拆快递则更让人兴奋激动。老师今天带来几个快递，想请大家帮忙：如何高效安全地拆快递？

（2）组长分别领取快递，小组合作探究拆快递的方法，代表进行汇报。

预设

①准备好拆快递的工具，例如剪刀或小刀。

②如果是塑料袋包装，用剪刀或小刀沿着封口处剪开，就可以快速打开包装。

③如果是纸盒包装，找到箱盖与箱子的缝隙，先在中间的胶带处沿着缝隙轻轻划开，再剪开在两头的胶带粘贴处，包装盒就可以打开了。

……

劳动小妙招：如果身边没有剪刀，可以使用尖锐的器具，比如钥匙或笔头，将胶带划开。

安全提示：使用剪刀或小刀等尖锐的器具时，要注意使用安全，小心划伤。

（3）快递拆完后还需要做些什么？

预设

①快递外包装有较多的细菌和灰尘，拿到快递后记得先消毒。

②要核对快递物品、数量，检查物品是否完好无损以及各种配件是否齐全。

③还需进一步整理物品和配件，把它们整齐地放好。

④垃圾也需要清理好并分类投放。

⑤一些可以回收循环利用的包装可以变废为宝。

......

反思交流，总结提升

师：今天，我们学会了如何收、拆快递，为爸爸妈妈做了力所能及的事，也体验到了快递这个现代服务业为我们的生活提供的便利。希望同学们在生活中积极运用这项技能，成为收拆快递的小能手！

板书设计

我是家庭小主人——收发快递我能行：收拆快递

取快递　快递柜　　快递驿站　上门签收

拆快递　核对清楚　整理有序　清理垃圾

第二章 我是校园小主人

当好劳动值日生

活动背景：

《义务教育劳动课程标准 (2022 年版)》中提出，有目的、有计划地组织学生参加日常生活劳动，让学生动手实践，出力流汗，培养学生正确的劳动价值观和劳动品质。在学校里，适当参与班集体劳动，主动维护教室内外的环境，也可以帮助学生养成讲卫生的习惯，意识到班集体是大家的，形成热爱劳动、主动劳动的观念。每个学生都有为班级服务的责任与义务，增强为班级服务的责任意识。

教学目标：

劳动观念：通过班级值日体验，树立正确的主人翁意识和服务意识，在劳动中认识到做值日是对自己和集体负责。

劳动能力：通过观察、动手实践掌握值日的方法，熟练掌握扫地、整理桌椅等劳动技能，提高劳动能力。

劳动习惯和品质：能够认真负责地参与值日，养成有始有终的劳动习惯。

劳动精神：继承中华民族乐于奉献的优良传统，感悟劳动的快乐，激发劳动热情。

教学重点：明白当一个合格值日生的重要性，了解班级值日的主要任务并懂得如何值日。

教学难点：通过观察、动手实践掌握值日的方法，熟练掌握扫地、整理桌椅等劳动技能。

教学准备：相应的劳动工具，如扫把、拖把、抹布等，活动评价表，垃圾分类知识题。

课时安排：1课时

适用年段：低年段

激趣导入，初识值日生

播放两张有鲜明对比的教室环境图片。

师：同学们，这两间教室，你更喜欢哪一间呢？右边的教室一片狼藉，左边的教室窗明几净，在整洁舒适的环境里进行学习，我们会感到非常舒服。教室的干净整洁离不开值日生的辛勤付出。

今天我们一起学习如何当好值日生。

观察交流，做好值日生

1. 场景再现，深化认知

班级值日应该由学生共同负责，不应该是个别学生的任务，值日是我们每个同学的责任和义务。

学生值日

2. 引出主题，争当优秀值日生

师：同学们，你们知道值日生要做哪些事情吗？

交流讨论，让学生了解值日生的具体工作。教师根据学生的回答写出板书，并让学生了解班级值日任务主要包括扫地、拖地、整理讲台、整理书柜、课间擦黑板、倒垃圾等。

请学生按一天的时间顺序，排一排值日生的任务。

值日表

任务	序号
开门	
收拾桌椅	
扫地	
擦黑板	
整理书柜	
倒垃圾	

小组合作，找到整理小妙招

1. 小组交流，分享做值日的方法

师：如何才能当好劳动值日生？

学生交流扫地、拖地、整理的方法。

2. 学学做做，整理讲台有方法

师：劳动值日生要完成这么多的任务，大家有什么小窍门和大家分享吗？

课间保洁很重要，讲台是课间最需要整理的地方，谁来说说该怎么整理？

展示讲台物品摆放凌乱的图片。请学生上台一边实践一边讲解方法。

讲台整理小口诀：讲台摆放有讲究！书本分大小，粉笔不乱丢，笔尺齐回家，讲台整洁靠大家！

微课引路，掌握打扫小窍门

这几天值日组长丁丁愁眉不展，因为他们小组的值日效率

不高，有的同学一会儿擦黑板，一会儿扫地，一会儿又去浇水。值日没有顺序，分工也不明确，那怎样才能当好班级值日生，让值日工作能又快又好地完成呢？下面让我们一起走进值日方法微讲堂去寻找答案吧。

1. 微课引路明方法

怎样才能把班级值日做得又快又干净呢？那就要分工合作，每个人都有自己的包干区和工作任务，明确值日的目标，指定值日的标准。

2. 合理分工定计划

针对班级值日任务，学生根据个人意愿选定值日任务。根据小组人数可以纵向分第一组、第二组……也可以根据任务分组：扫地组、拖地组、整理组……

师总结：大家值日时一定要明白做值日的流程，先扫地，再扫地，整理好讲台和书柜，放好值日工具，倒垃圾，最后一步是关门窗。

3. 小组交流，明确组员职责

值日分工表

小组名称			
具体分工	任务区域	负责人	备注

游戏闯关，劳动技能大挑战

1. 劳动难点，提出问题

（1）扫地时扫把伸不进垃圾死角怎么办？

（2）怎样拖地才能拖得又快又干净？

（3）在投放垃圾时，同学们没有进行垃圾分类。对垃圾分类的知识掌握不够，怎么办？

2. 共同讨论，梳理方法

（1）当扫把伸不进卫生死角时，可以将扫把换一个方向，换一个角度扫，不要手拿铲子边扫边铲，应该从教室的前面往后扫，或者从后往前扫，将垃圾扫成一堆后，再用铲子统一铲走。

（2）拖地前先在拖把上踩一踩，再把鞋子清理干净。拖地时要一边拖一边后退，注意每一块地板都要兼顾。要注意等地板稍干后再走动。

（3）梳理出日常生活中垃圾分类的相关标识，引导学生认识垃圾桶：可回收垃圾桶、厨余垃圾桶、有害物质垃圾桶，并让学生梳理出日常常见的垃圾如何进行分类。

3. 闯关游戏，掌握方法

齐唱儿歌，分享劳动收获

（1）齐唱《值日歌》

做值日　分好工，

扫地、拖地、擦黑板，

课桌椅　摆整齐，

垃圾分类有方法，

争做优秀值日生，

我是班级小主人。

（2）分享交流自己的收获

板书设计

我是校园小主人——当好劳动值日生

课间巧整理

打扫讲方法

垃圾找对家

我是环保宣传员

活动背景：

我校是国际绿色生态学校的绿旗学校，被评为广东省绿色学校，办学十几年来，全校师生践行垃圾分类。一年级的学生刚入学，对垃圾分类知识了解尚浅，环保意识相对较弱，动手操作能力还不强，需要对垃圾分类的知识进行专门学习。

为了帮助一年级的学生学习垃圾分类的知识，提升高年级学生校园服务意识，学校每年都会采用"大手拉小手"的形式组织高年级的学生到一年级进行垃圾分类知识宣讲，培养学生正确分类投放垃圾的意识，增强一年级学生的动手能力，让学生懂得劳动创造美的道理，感受劳动带来的快乐。

教学目标：

劳动观念：能够积极参与垃圾宣讲活动志愿者的活动，进一步明确垃圾分类的意义，感受志愿服务带来的快乐。

劳动能力：通过参与垃圾分类知识的宣讲竞选，提升规划和合作的能力。

劳动习惯和品质：培养热爱劳动、积极服务他人服务校园的劳动品质，养成垃圾分类投放的好习惯。

劳动精神：感悟校园清洁工的不易，懂得尊重每一位劳动者的辛勤劳动。

课时安排：2 课时

适用年段：高年段

第一课时

创设情境，激趣导入

（1）回顾垃圾分类知识，了解垃圾分类给环境带来的好处，对同学们积极践行垃圾分类的行动进行肯定。

（2）创设一年级学生不懂垃圾分类，经常把垃圾放错垃圾桶的情境，激发学生思考：我们可以怎样帮助一年级的弟弟妹妹？

（3）达成共识，开展"大手拉小手"活动，对一年级同学进行垃圾分类宣传。

学生活动现场图片

头脑风暴，出谋划策

（1）对一年级的学生进行垃圾分类宣传需要做哪些准备？

活动建议

①收集相关的垃圾分类知识。

②做成课件。

③做一个微课小视频。

④画宣传海报。

⑤设计垃圾知识问答。

⑥准备问答游戏奖品。

（2）以小组为单位帮助一年级的同学进行垃圾分类知识的宣传，可以怎样进行分工？

分小组讨论，填写"大手拉小手"——垃圾分类宣传活动服务单。

"大手拉小手"——垃圾分类宣传活动服务单

组名		组长	
志愿者			
服务对象			
服务目标			
相关准备			

续表

组名		组长	
具体分工			
预设困难			
解决办法			

（3）聚焦问题，商量对策。

很多小组提到，一年级的同学比较喜欢动画，可以做一个垃圾分类的动画视频，这样可以帮助一年级的同学更直观地了解垃圾分类的知识，但是做视频可不是一件很容易的事情，可以怎么办？

活动建议

①上网搜索相关视频，筛选合适的内容。

②组成一个视频制作小组共同创作设计。

③通过情景剧，同学现场表演，或者拍摄视频进行播放。

（4）"大手拉小手"，完善垃圾分类宣传活动单。

齐心·协力，进行准备

学生根据志愿活动单进行准备，预祝大家的志愿服务活动圆满完成。

板书设计

我是校园小主人——我是环保宣传员

积极参与

分工合理

准备充分：图片、PPT、视频

考虑周全：方式多样、图文并茂

第二课时

回顾导入

出示图片，回顾垃圾分类宣传活动开展情况，对学生积极参与志愿活动给予肯定。

学生宣传活动图片

评价交流

　　各小组分享活动的准备过程和开展情况，以及取得的效果，并根据评价表进行评价。

垃圾分类宣传员评价单
（星级评价，满分五颗星）

评价项目	自我评价	同伴评价	教师评价
小组成员积极主动参与垃圾分类宣传活动			
能够正确、清楚地讲解垃圾分类知识			
能够选择合适且多样的方式让一年级同学掌握垃圾分类知识			
宣传活动过程中遇到困难能积极寻求解决办法			
能够做好志愿服务后的跟踪和管理工作			
一般：★★★　　良好：★★★★　　优秀：★★★★★			

分享收获

活动意义

　　①体验志愿服务的快乐。

　　②提高了合作、统筹兼备的能力。

　　③让更多低年级同学了解、掌握垃圾分类相关知识与方法。

拓展延伸

思考：作为环保宣传的志愿者，你认为还有哪些方式可以进行环保宣传？

预设：海报、宣传标语等。

活动总结

垃圾分类宣传活动结束了，志愿服务的脚步不停歇。生活中只要我们愿意伸出勤劳的双手，就能看到需要帮助的人和事，我们继续学习志愿者们的"奉献、友爱、互助、进步"的志愿精神，在实践中自助助人，服务他人和社会，传递爱心和正能量。

板书设计

我是校园小主人——垃圾分类宣传员

展示过程

分享收获

积极奉献

共同进步

争做勤劳小·帮厨

活动背景：

一粥一饭，当思来之不易；半丝半缕，恒念物力维艰。在学校的早餐、午餐时段，班级设立帮厨小义工服务岗位，能进一步增强孩子们的劳动意识，培养他们的劳动观念，在体验劳动乐趣的同时体验为同学服务的快乐。

教学目标：

劳动观念：能够积极参与帮厨义工活动，树立正确的服务意识和主人翁意识，感受为他人服务的快乐。

劳动习惯和品质：在参与帮厨服务的过程中培养热爱劳动、积极服务他人的劳动品质，养成动手劳动的好习惯。

劳动精神：体会为班级服务是一种快乐的付出，懂得当帮厨小义工的意义，感悟劳动创造美好生活的道理。

教学重点：

掌握做好班级帮厨小义工的技能，提高动手实践能力和合作的能力，提升服务意识。

教学难点：

知道帮厨小工的任务和步骤。

教学准备：

围裙、厨师帽、一次性手套、场景图片、活动评价表等

课时安排： 1 课时

适用年段： 中年段

激趣导入，初识帮厨小义工

学生帮厨图片

（1）出示图片，观察思考图中的同学在做什么？

（2）学习了解怎么做好一名帮厨小义工。

观察交流，做好帮厨小义工

1. 了解任务

师：同学们，成为一名帮厨小义工有哪些任务呢？让我们

通过一个视频来了解一下。

预设

如分饭、打菜、打汤、分发勺子等。

2. 注意卫生

师：我们在完成帮厨任务的时候，要注意哪些卫生问题呢？

出示课件，引导思考，全班交流。

小结：在进行帮厨任务时，要注意个人卫生，戴好手套和口罩。对于公共卫生而言，要注意分饭、打菜的时候，不要把食物洒落在餐具上或者是地面上。

3. 安全提醒

师：在完成任务的过程中，会有哪些安全隐患？有什么办法解决？

同桌讨论，分享汇报：

（1）饭菜比较烫时，端碗的时候可以拿着碗沿。

（2）排队打餐时，注意身体不要触碰到餐车。

······

小组合作，找到分饭的方法

1. 小组交流

师：怎样才能做好分饭任务？

生交流分享，整理方法。

分饭小方法

勺饭、分饭有方法：

一手拿勺，一手拿碗。

有序来勺饭，一次舀半勺。

打好排队放，注意不掉饭。

2. 学学做做

学生现场用面粉进行分饭体验。

体验后，说说感受。

3. 考虑需求

分量适中，避免浪费。

微课引路，掌握打菜小窍门

学校每天给我们准备多个菜品，怎么打菜才能做到既快速又均匀，还不浪费呢？下面让我们一起走进"打菜方法微讲堂"去寻找答案吧。

1. 微课引路

观看视频，了解打菜的基本步骤。

2. 梳理窍门

（1）分工合作。

（2）分量适中。

（3）安全有序。

我为班级服务，争当劳动服务之星

"我是帮厨小义工"评价表

（量级评价，满分五颗星）

服务项目	自评（最高五星）	他评（最高五星）	老师评（最高五星）
一般：★★★　　良好：★★★★　　优秀：★★★★★			

板书设计

我是校园小主人——争做勤劳小帮厨

帮厨装备不可少，

卫生安全不能忘。

分饭打菜有妙招，

班级服务我最棒。

小小图书管理员上岗啦

活动背景：

班级图书角、图书馆等公共设施学生接触较多，但是归类整理的方法还不够熟悉，对于社会性服务了解不深，同时又缺乏耐心。因此在该课中，学生转换角色为他人提供服务，学习整理书籍、电子借阅的方法有利于培养学生的劳动意识、责任意识和服务意识。

教学目标：

劳动观念：了解图书管理员志愿者的服务范围，树立服务社会、关爱他人的劳动观念。

劳动能力：通过参与图书管理员志愿者服务活动，提高社会服务的实践能力，学习整理书籍的方法，懂得电子借阅。

劳动习惯与品质：通过调查与设计志愿服务活动，增强热爱生活、服务他人、关心他人的意识，提高对公益志愿服务的参与度。

劳动精神：养成乐于奉献、帮助他人的劳动精神。

课时安排： 2课时

适用年段： 中、高年段

第一课时

图片导入，感知管理员

1. 图片对比

教师出示教室里杂乱和整洁的图书角照片，进行比较，引发学生思考。

整理前

整理后

2. 分享感受

看了这些图片后，你有什么感受？

3. 揭示课题

视频展示，学习服务范围

1. 观看图书管理员一日常规工作日常视频

2. 说一说图书管理员志愿者的服务内容

整理图书、清洁书架、帮助低年级同学借书还书。

明确服务工作

1. 如何摆放图书

（1）将书本合上，抹平折角。

（2）将图书根据书脊的标签进行分类。

（3）书脊朝外，书本从小到大按标签顺序摆放。

……

2. 借书还书流程

（1）在书架上选取需要借阅的图书。

（2）到图书管理员或电子借阅机处用借阅卡借阅。

（3）在图书还书期限内，用借阅卡到图书管理员或电子借阅机处还书。

3. 如何清洁图书馆

制定值日表，每天有同学负责摆放图书，擦书柜、书架。

4. 电子借阅机的使用

（1）电子借阅机只在图书馆开放时间内使用。

（2）按照电子借阅机中提示的操作流程借书或还书。

操作流程：人脸识别——翻开条码页——书脊朝下放入 V 形槽内——完成借（还）书。

根据自身特点，选择服务范围

（1）根据自身特点，填写表格。

"我的服务优势"表

我的优势	我选择的服务范围

（2）互评互议，选择是否合理。

（3）根据建议，进行调整。

招募图书管理员进行准备

同学们根据所学知识进行图书管理员的面试准备，预祝大家的志愿服务取得成功！

板书设计

我是校园小主人——　小小图书管理员上岗啦

清洁：书籍　书柜

分类：学科　大小　颜色

摆放：高低　薄厚　形状

第二课时

活动回顾导入

（1）播放图书馆招聘图书管理员的视频。

（2）回顾图书管理员所具备的技能。

（3）出示同学们应聘情况和服务情况，鼓励积极参与的同学。

评价交流

各小组分享活动的准备过程和开展情况，以及取得的效果，并根据评价表进行评价。

图书管理员评价单
（星级评价，满分五颗星）

评价项目	自我评价	同伴评价	教师评价
小组成员积极主动参与图书管理员活动			
能够掌握图书馆的有关信息和相关知识			
能够熟练掌握一项图书管理员技能			
参与活动过程中遇到困难能积极寻求解决办法			
能够做好志愿服务后的跟踪和管理工作			

一般：★★★　　　良好：★★★★　　　优秀：★★★★★

分享交流

活动意义

①感受志愿服务的快乐。

②得到了锻炼，增长了沟通能力。

③学会珍惜书本，爱上阅读。

拓展延伸

（1）增设班级图书管理员岗位。

（2）作为校园小主人，你还可以为校园做哪些服务？

活动总结

　　图书馆志愿活动结束了，志愿服务的脚步不停歇。同学们通过自己的努力成为一名快乐的志愿者，尽自己的一份力量为社会做了一些力所能及的有意义的事情。希望大家以后继续从一点一滴的小事做起，学会关爱他人，服务社会。

板书设计

我是校园小主人——小小图书管理员上岗啦

掌握技能

服务他人

收获快乐

体现价值

第三章

社会服务我践行

了解志愿服务

活动背景：

　　"服务社区，热心公益活动，关心他人与社会，懂得尊重他人与他人友好相处和共同成长"是社区服务与社会实践劳动紧密结合的表现，也是我们开展服务劳动的目标之一。学校门口每天早上都有穿着红马甲的志愿者为各位学子保驾护航；学校举行运动会的时候，家长志愿者也是挺身而出帮忙维持秩序和做裁判。

　　"了解志愿者服务"这一主题活动，目的是引领学生学习、继承和发扬雷锋精神，让学生在服务社会、心系他人的公益实践活动中感悟劳动的快乐，丰富自己的认知，提升个人的能力，提高学生的综合实践能力水平，培养并提升学生对社会的责任感，树立学生关心他人、服务他人的信念，并提高学生参与此类志愿服务活动的积极性。

　　教学目标：

　　劳动观念：树立心系他人、服务他人、热爱劳动的观念。

　　劳动能力：通过了解和体验志愿者服务活动，提高合作能力和社会服务的实践能力。

　　劳动习惯与品质：通过调查与设计志愿服务活动，培养学生服务他人、热爱劳动的习惯，让其体会帮助他人的快乐，提高对公益志愿服务的参与度。

劳动精神：从小养成吃苦耐劳、乐于奉献、帮助他人的劳动精神。

课时安排： 1 课时

图片导入，激发情怀

1. 图片展示

小青荷（亚运志愿者）、红马甲志愿者、蓝天救援队的卡通人物。

2. 文字介绍

介绍相关志愿活动。

3. 导入主题

他们都有一个共同的名字——志愿者。

追本溯源，探究历史

（1）国际起源：国外的志愿服务起源于十九世纪初西方国家宗教性的慈善服务。世界上第一个志愿者组织是一战后，德国人皮埃尔在瑞士组建的"国际民众服务组织"。1948 年，联合国教科文组织创立国际志愿协调委员会。

（2）本国发展：孕育——萌芽——发展——深化——普及阶段。

认识标志，了解内涵

1. 出示志愿服务标志

2. 猜测内涵

3. 视频解密

（1）志愿服务的特点：志愿服务是"人人可参与""处处能展开""时时生作用""物物可捐献"，具有广泛性、多重性的特质，因此，不论性别、年龄、知识和社会背景，只要基于爱心，只要你想帮助别人，都可以透过各种不同的组织与方式来达成。

（2）志愿服务的性质：自愿性、无偿性、公益性、实践性。

（3）志愿服务的精神：奉献、友爱、互助、进步。

4. 志愿者誓词

观看视频，感知意义

（1）播放视频，了解生活中的志愿者。

（2）表达交流，明确志愿者存在的意义。

学生志愿者服务图片

链接生活，着手调查

_____志愿服务活动小调查

我了解的志愿服务活动		我获得资料的途径	
志愿者的加入条件与方法			

板书设计

学做小小志愿者——了解志愿服务

了解历史

积极参与

乐于奉献

设计志愿活动

活动背景：

《义务教育劳动课程标准（2022年）》为中小学生劳动课设置了"公益劳动与志愿服务"任务群。建议孩子们以校园、社区为主，参与一些力所能及的志愿服务。此外，《劳动与技术》教材中也设置了与志愿服务的相关内容，希望通过日常生活的接触，让小学生对什么是志愿者、什么是志愿服务有一定的认识。小学生初步了解志愿者及志愿服务，但是学生对如何参加志愿服务，如何组织身边的志愿服务活动并不是特别了解。本节课通过引导学生设计实践活动，积极参与志愿服务活动，习得志愿服务的方法和途径，形成积极主动参与志愿服务的劳动态度，体会服务的意义，增强服务他人的责任担当的意识，逐渐培养学生的社会责任感。

教学目标：

劳动观念：通过参与志愿服务，形成主动服务、关心社会、热爱公益的意识，在劳动过程中初步形成提升劳动效率和劳动质量意识。

劳动能力：在参与志愿服务过程中，能运用已有的劳动技能组织志愿服务活动，培养主动思考和小组合作交流的能力。

劳动习惯与品质：在参与志愿服务过程中，能培养吃苦耐劳，主动承担力所能及的劳动，和养成认真负责、坚持不懈、有始有终的良好习惯与品质。

劳动精神：形成不畏艰辛、积极探索、乐于助人的品质和乐于奉献的精神。

课时安排：1 课时

适用年段：中年段

课前准备

学生完成调查问卷《志愿服务情况》，内容如下：

①你是否有参加过志愿服务活动？

A. 偶尔参加　　　　B. 没有　　　　C. 经常参加

②你通过什么方式参加的志愿服务活动？

A. 学校组织　　　　B. 自己报名

C. 家长报名　　　　D. 其他

③你最近一次参加志愿活动的时间是：

A. 不超过一个月　　　　B. 一个月和半年之间

C. 半年到一年　　　　D. 超过一年

④你愿意参加志愿者服务吗？

A. 愿意　　B. 不愿意　　C. 看情况，不一定

⑤请对你生活的社区或学校进行调研，了解需要哪些志愿服务活动。

微课导入，揭示主题

引出主题：什么是志愿者？你对志愿服务了解吗？

教师课件出示《了解志愿服务》微课。

总结：志愿服务真是一件有意义的事。参与志愿服务活动让我们进一步理解"奉献、友爱、互助、进步"的志愿服务理念，还可以提升我们作为社会、社区小公民的责任意识和奉献精神。

探寻身边的志愿者

志愿服务充分体现了当今社会的文明与进步。根据国家志愿服务系统的信息显示，截至 2021 年 10 月 30 日，志愿者总人数达 2.17 亿，意味着大约每一万人中就有 1544 人是志愿者。

你的身边有没有志愿者呢？请带着以下两个问题和同学交流，再分享。

问题一：你身边的志愿者从哪里来？

问题二：他们原本从事什么工作？

小结：志愿者来自各行各业，有医生、理发师、教师、学

生等。他们不计得失，服务社会，服务他人。

参与设计志愿活动

1. 明确活动任务

同学们都很想成为一名志愿者，要成为一名合格志愿者首先要知道我们能为志愿服务活动做些什么？请完成下列情景任务。

（1）学校要举办六一联欢活动。

（2）社区要举办一场阅读交流活动。

2. 讨论活动安排

引导学生通过小组合作梳理学校和社区主办的活动，回顾活动前、活动时和开展活动后的情况，议一议我们志愿者协助参与了哪些服务工作。之后，进行小组汇报。（注意：汇报声音响亮，条理清晰，表达完整）

3. 完善活动内容

依据"参与小小志愿活动评价表"完善活动内容。

参与小小志愿活动评价表

项目	评价内容	自评	小组评
参与态度	认真学习，积极参与	👍	👍
合作意识	尊重他人，团队协助	👍	👍
服务精神	服务他们，奉献爱心	👍	👍

总结：小志愿者在活动前积极宣传，协助策划；活动时我们可以参与协助引导和后勤服务；活动结束后宣传总结工作。

4. 小组合作，完成方案

师：了解了志愿活动任务和目的，我们的志愿活动成功了一半。要保证我们的志愿服务活动能有序开展，我们还要做好志愿活动的策划。小组合作以生活中社区或者学校为地点，以"我是小小志愿者"为题，完成一次志愿活动策划。

"我是小小志愿者"活动策划表

组名		组长	
组员			
活动主题			
活动目标			
活动分工			
活动流程			
预期成果			
预设困难			

展示评价，总结提升

1. 展示评价

每个小组上台展示完成的策划方案，肯定方案的优点，并提出可行性建议。再根据大家的意见修改完善方案，确保活动顺利进行。

"我是小小志愿者"活动策划评价表

要求	自评	他评
紧扣主题	👍	👍
分工合理	👍	👍
步骤清晰	👍	👍
考虑周全	👍	👍
其他创意	👍	👍
真诚建议		

情境任务：（1）学校要举办六一联欢活动。

（2）社区要举办一场阅读交流活动。

师：好了，现在要请小组来汇报了，也请其他小组的同学们清楚评价要点，为汇报的小组进行星级评价。

2. 设计小组志愿服务单

师：刚刚已经知道我们能提供哪些志愿服务了，老师知道同学们都想进行志愿服务，争做志愿者。现在请你们小组合作，以生活中社区或者学校为地点，以"我是小小志愿者"为题，共同设计一份小组志愿服务单。

我是小小志愿者服务单

主题	我是小小志愿者	
组名		组员
志愿服务内容		
我们会这样做		
小组评价		

展示评价，总结提升

1. 评价

请制作好方案的小组进行展示，互相评价，指出优缺点和需要改进的地方。

2. 集思广益

3. 修改完善

教师对各小组的方案进行点评，肯定学生积极参与，增强学生参与志愿服务的信心。

课堂回顾，升华主题

1. 总结回顾

这节课，我们明确了志愿活动的目的和工作内容，也看到了大家参与志愿服务的热情，说一说收获。

学生志愿者服务图片

2. 视频学习

同学们的总结，让我想起这几年来，有这样一群人，也在默默奉献着……

视频：《致敬抗疫一线的志愿者们》。

在前几年抗击新冠肺炎的战斗中，志愿者们劳苦功高。他们在关键时刻不顾个人安危，冒着被感染的风险，不分昼夜、辛勤奔波，为无数需要帮助的人提供了周到细致的服务。

小结：同学们，生活中只要我们愿意伸出勤劳的双手，就能看到需要帮助的人和事，我们要向志愿者们学习，学习他们"奉献、友爱、互助、进步"的志愿精神，在实践中自助助人，服务他人和社会，传递爱心和正能量。

板书设计

学做小小志愿者——设计志愿活动

目的清晰

分工明确

合作意识

服务精神

敬老活动我设计

活动背景：

我国的传统节日——农历九月九日重阳节，同时也被称为敬老节。敬老爱老的传统从古一直流传至今，成为中华儿女的传统美德。

为了继承发扬华夏儿女敬老爱老的优良传统，让学生懂得孝顺长辈、感恩祖辈，并让这一优秀传统变成学生的良好习惯，学校可以在重阳节开展敬老活动。开展重阳活动，能够让学生在积极主动的合作中去了解重阳节丰富多彩的文化活动，在思想上重视重阳传统的活动；通过践行一系列的敬老爱老体验活动，帮助学生养成尊敬老人、关爱老人的美好品质。

教学目标：

劳动观念：积极参与敬老活动，感受到参与服务性劳动的快乐。

劳动能力：通过参与设计敬老活动，提高策划活动的能力和与人合作的能力。

劳动习惯和品质：通过设计体验敬老爱老活动，养成尊敬老人、关爱老人的优秀品质。

劳动精神：在生活中继承发扬华夏儿女敬老爱老的优秀品质。

课时安排：1 课时

适用年段：中年段

设置情境，激趣导入

（1）结合重阳节这一传统节日，让学生重温重阳节的风俗习惯，认识到敬老爱老是华夏儿女的良好美德。

（2）创设情境：学校即将到敬老院开展一次敬老活动，引导学生思考：我们可以为老人们做些什么，才能让他们体会到我们的爱心？

（3）达成共识后，开展"我为老人尽份心"活动。

头脑风暴，出谋划策

1. 集思广益，梳理活动

开展此次设计活动之前，合作梳理一下我们可以进行哪些敬老活动？

活动形式

①给老人捶捶背、揉揉肩。

②给老人唱歌、跳舞，表演乐器表演等。

③陪老人聊聊天。

④帮老人干活。

⑤给老人准备一份礼物。

……

大家想法多多，也很有爱心，在开展敬老活动前，我们需要做哪些准备呢？

2. 以 6 人小组为单位设计敬老活动，可以开展怎样的活动请小组内讨论填写敬老设计活动的表格：

"我为老人尽份心"——敬老活动我设计

组名		组长	
组员			
敬老活动			
相关准备			
预设困难			
解决办法			

3. 聚焦问题，商量对策

很多小组提到：敬老院的老人如果讲粤语的话，自己听不明白，没有办法沟通，怎么办？有些老人行动不便，年纪较大，吐字不清，我们不一定能听懂他们的需要，又该怎么办？

活动建议

①让自己组内会粤语的同学和老人沟通。

②找工作人员协助。

③带上纸和笔，将与老人沟通的内容记录下来。

4. 继续完善敬老活动设计单

齐心协力，进行准备

学生根据志愿活动单进行准备，相信同学们的志愿服务会取得圆满成功。

板书设计

学做小小志愿者——敬老活动我设计

积极参与

考虑周到

准备充分

我为老人尽份心

志愿服务真快乐

公园服务我能行

活动背景：

坐落于城市里的公园给大家提供了休息放松的地方，增加了城市绿化面积，体现了人与自然的和谐相处。大家在公园里或玩耍、或运动、或放松，公园与我们的生活息息相关。为了提高学生的服务意识，使他们更加热爱自己所居住的地方，学校每年都会开展到公园的志愿服务活动，可以让学生体会奉献的快乐。

教学目标：

劳动观念：能够积极参与公园志愿服务的活动，感受志愿服务带来的快乐。

劳动能力：通过参与活动，提升沟通能力和实践能力。

劳动习惯和品质：培养热爱劳动、积极服务他人、服务社会的劳动品质，养成热爱劳动的好习惯。

劳动精神：感悟奉献带来美，劳动创造美的精神。

课时安排：2课时

适用年级：高年级

第一课时

播放视频，问题导入

（1）播放公园环境、设施、活动的相关视频。

提问：同学们，公园是一个好地方，我们都爱去公园。但是，大家有没有设想过，其实，我们可以为美化公园出一份力，让公园变得更美好。这节课，就让我们共同策划服务公园的一些活动吧。

（2）思考：我们可以为公园做哪些力所能及的事情呢？

活动建议

①捡垃圾，美化公园环境。

②公园活动志愿者，维持公园秩序。

③路线指引、提供咨询等。

（3）达成共识，开展"公园服务我能行"活动。

头脑风暴，出谋划策

（1）开展公园服务活动前需要做哪些准备？

活动建议

①确定服务的公园。

②联系工作人员，沟通事宜。

③分好活动小组。

④确定服务内容。

……

（2）以6人小组为单位开展公园服务活动，可以怎样进行分工？

（3）小组讨论，填写"公园服务我能行"服务单。

"公园服务我能行"服务单

组名		组长	
组员			
服务内容			
具体分工			
预设困难			
解决办法			

（4）聚焦问题，商量对策。

活动建议

①活动过程中，组员如何联系和沟通？

②公园老人多，普通话沟通不方便，怎么解决？

③是否需要预留机动人员解决突发情况？

（5）教师引导，解决问题。

同学们的小组分工明确，主题选择合理，但各小组规划的服务地点与内容有重复，我们该如何安排呢？

（学生回答解决问题的办法。）

过渡：我们可以进一步商量好服务的区域，不同小组在不同的区域服务，这样大家的服务范围比较广，也不会有重复了。

学生志愿者服务图片

我们以旗峰公园为例，可以根据地图，划分好各小组的服务区域。

（6）完善"公园服务我能行"服务单。

齐心协力，进行准备

学生根据志愿活动单进行准备，预祝大家的志愿服务取得成功！

板书设计

社会服务我践行——公园服务我能行

积极参与

考虑周全：地点、对象、内容等

准备充分：分工、沟通、物品等

第二课时

回顾导入

出示图片，回顾公园服务活动开展情况，对学生积极参与志愿活动给予肯定。

评价交流

　　各小组分享活动的准备过程和开展情况，以及取得的效果，并根据评价表进行评价。

分享要点

　　①呈现活动过程（图片、视频）。

　　②分享活动收获（效果）。

　　③总结活动经验（思考）。

我是小小志愿者——公园服务我能行评价单
（星级评价，满分五颗星）

评价项目	自我评价	同伴评价	教师评价
1. 小组成员积极主动参与公园服务活动			
2. 能够正确、流利、友善地和人沟通			
3. 能够选择合适且多样的方式服务公园			
4. 活动过程中遇到困难能积极寻求解决办法			
5. 能够做好志愿服务后的跟踪和管理工作			

　　评价标准：优秀——5星　良好——4星　一般——3星及格——2星　需努力——1星

分享收获

活动意义

①感受到志愿服务的快乐。

②得到了锻炼，增长了实践与沟通能力。

③向家人继续宣传志愿活动带来的快乐，感受劳动创造美，奉献带来美。

......

学生志愿者服务图片

活动总结

公园服务活动结束了，志愿服务的脚步不停歇。生活中只要我们愿意伸出勤劳的双手，就能看到需要帮助的人和事。让我们继续学习志愿者们"奉献、友爱、互助、进步"的志愿精神，在实践中自助助人，服务他人和社会，传递爱心和正能量。

板书设计

社会服务我践行——公园服务我能行

分享收获

交流评价

反思不足